Georg Friedrich Händel

Ein europäischer Musiker aus Halle

Gemeinschaftsausgabe des Verlages Klaus-Jürgen Kamprad und
des Freundes- und Förderkreises des Händel-Hauses zu Halle e. V.

Mit freundlicher Unterstützung der Stiftung Händel-Haus

Stiftung Händel-Haus

Edwin Werner

Georg Friedrich Händel

Ein europäischer Musiker aus Halle

Halle (Saale) 2020

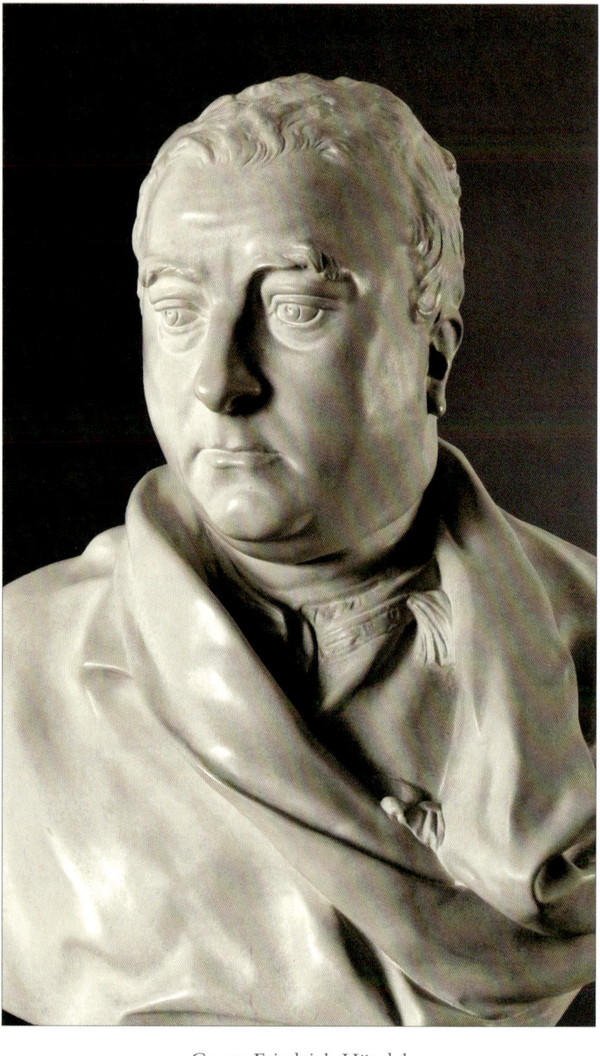

Georg Friedrich Händel
Büste von Aurelio Micheli nach Louis-François Roubiliac

Halle an der Saale – Wiege eines europäischen Musikers

Georg Friedrich Händel ist den meisten Musikfreunden als Kosmopolit und als der englische Nationalkomponist bekannt, der mehr als die Hälfte seines Lebens in London wohnte und wirkte. Selbst „Eingeweihte" wissen zuweilen nicht, dass er aus Mitteldeutschland, aus Halle an der Saale stammt. Ein Grund dafür ist sicherlich, dass er bereits mit 18 Jahren seine Heimatstadt verließ, um an die Hamburger Oper zu gehen. Diese Tatsache ist von einigen Biographen und Festrednern als „Flucht" vor der Enge der relativ kleinen Provinzstadt kolportiert und gelegentlich mit dem scherzhaften Bonmot von Curt Goetz verbunden worden, das Schönste an Halle sei der Bahnhof, von dem man die Stadt in alle Himmelsrichtungen wieder verlassen könne.[1] Solch ein nicht selten „wörtlich" missverstandenes Zitat verkennt sowohl die zur Zeit Händels nicht nur von den höheren Lehranstalten in Halle sowie manchen „Zugereisten" ausgehende europaweite Ausstrahlung und weltoffene Atmosphäre in der Stadt als auch die Tatsache, dass der in die Welt strebende junge Komponist bereits zuvor ein über die Stadtgrenzen hinaus bekannter Orgelvirtuose und Komponist war. Freilich sind von seinen zweifellos zahlreichen Kompositionen aus dieser Zeit nur wenige Bruchstücke überliefert, so dass wir uns kein begründetes Urteil über die Gesamtheit dieser Frühwerke bilden können.[2] Davon abgesehen hat Händel die meisten dieser Kompositionen sicherlich schon nach seinem Italien-Aufenthalt als „unmodern" vergessen wollen; denn wie John Mainwaring berichtet, habe er in Hamburg zwei Kisten mit seinen Kompositionen zurückgelassen und nie abgeholt (woran sich sein

Hamburger Freund Johann Mattheson nach eigener Aussage allerdings nicht erinnern kann).[3]

Die mögliche Anzahl und die Qualität der verlorenen Werke, die ein außergewöhnlich begabter Jüngling vor dem 18. Lebensjahr komponiert hatte, könnten wir uns vergleichsweise anhand der Werkliste eines jungen Mozart oder eines Mendelssohn Bartholdy vergegenwärtigen.

Händel hatte seine erste produktive Schaffensperiode bereits hinter sich, als er seine Heimatstadt verließ, der er offenbar viel verdankte. Er hätte gewiss nicht in die ferne Welt ziehen müssen, um ein bedeutender Komponist zu werden. Ein für ihn wichtig werdendes Betätigungsfeld hatte Halle allerdings seit 1680 nicht mehr zu bieten: die Möglichkeit Opern aufzuführen. Opernkomponisten mussten sich eine andere Wirkungsstätte suchen. Hätte Händel diesen Schritt nicht getan, wäre heute eine ganz andere, aber vermutlich nicht weniger bewegende Musik von ihm zu hören.

Aber wie dachte Händel selbst im Nachhinein über seinen Geburtsort und seine Herkunft? Zu dieser Frage stoßen wir auf beeindruckende und überraschende Zeugnisse. Es verwundert wenig, dass der weit gereiste Komponist seine musikalische Herkunft, die reiche kulturelle Tradition Mitteldeutschlands, in seinen Werken nicht verleugnete, aber es ist doch auffallend, dass er sein Leben lang auch zu den Menschen, die ihn in seiner Jugendzeit in Halle begleiteten, und insbesondere zu seiner verzweigten Familie trotz großer räumlicher und zeitlicher Entfernungen eine enge emotionale Bindung behielt. So oft es ging nahm er die Unbequemlichkeiten und Gefahren damaliger Reisen auf sich, um seine Mutter und andere Verwandte in Halle zu besuchen. Sein Briefwechsel mit Mitgliedern der Familie muss ebenfalls relativ rege und verbindlich gewesen sein,

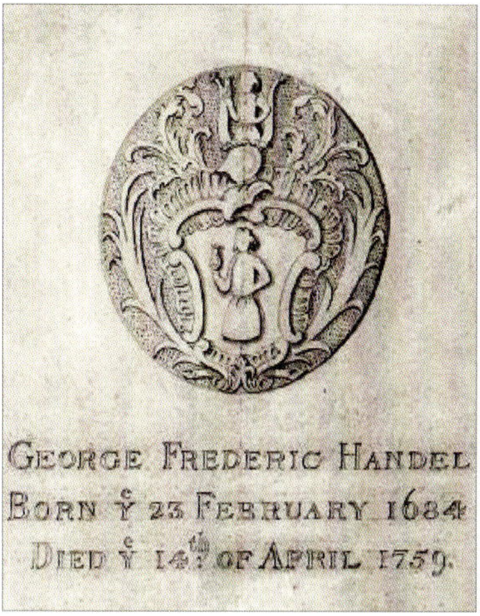

Grabplatte Händels in der Westminster-Abtei (mit falschem Geburtsjahr). Anonyme Graphik

soweit wir dies den erhaltenen Zeugnissen entnehmen können. Besonders bezeichnend und anrührend ist in diesem Zusammenhang, dass er das „Wappen" seines Vaters auf seiner Grabplatte abbilden ließ.

Es handelt sich wohlgemerkt nicht um ein allgemeines „vererbbares" Familienwappen, sondern um ein Berufssignum: der prüfende Blick des Barbiers auf den Inhalt eines Uringlases, also um eine Handlung, die für den Komponisten mehr als 60 Jahre nach des Vaters Tod keine Bedeutung mehr haben konnte. Doch die Verwendung dieses „Wappens" bestätigt, dass Händel seine familiäre Herkunft, die ihm sowohl materiell als auch ideell den Start in eine selbstbestimmte Lebensgestaltung ermöglicht hatte, noch in seinen späten Londoner Jahren würdigte.

Wenn wir Händels hallesche bzw. mitteldeutsche Herkunft besonders betonen, soll dies nicht als Gegensatz dazu verstanden werden, dass im Mittelpunkt unserer Betrachtungen der „Europäer" Händel steht. Wir sprechen von dem Händel, dem die ihm eigene europäische Geisteshaltung sowie die Grundlagen seiner europäischen Kunst bereits in seine hallesche Wiege gelegt worden waren. Wir wollen diesen „Europäer" also nicht nur mit dem üblichen mehr oder weniger äußerlichen Blick auf seinen Lebensweg im Hinblick auf die Länder betrachten, die er bereiste und in denen er sich zu Hause fühlte. Wir blicken auch auf die für das aufstrebende Genie günstigen familiären, gesellschaftlichen und kulturellen Gegebenheiten der von der Renaissance geprägten Stadt an der Saale, an deren Universität das Gedankengut der europäischen Aufklärung verbreitet wurde und in der sich die 1698 gegründeten Franckeschen Stiftungen zu einem weltweit wirkenden pietistischen Missions- und Bildungswerk zu entwickeln begannen.

Dieses geistige Umfeld hat Händels Entwicklung zweifellos beeinflusst. Darüber hinaus hat der Jüngling sicherlich bewusst den durch die gezielte Wirtschaftspolitik des brandenburgisch-preußischen Staates geförderten wirtschaftlichen Aufschwung in Halle wahrgenommen wie auch die zunehmend starke Ausstrahlung der hier neu gegründeten (Studenten aus ganz Europa anziehenden) Universität auf das gesellschaftliche Leben der Stadt. Und parallel dazu lernte er die höfische Kultur, insbesondere die hochstehende Hofoper im nahen Weißenfels kennen. Auf musikalisch-künstlerischem Gebiet bekam er im Unterricht bei Friedrich Wilhelm Zachow selbstverständlich die mitteldeutsche Kantorentradition und die wichtigen bzw. charakteristischen nationalen Musikstile der Zeit vermittelt, wodurch es ihm schon sehr früh möglich war, einen eigenen unverwechselbaren, d. h. einen neuen europäischen Stil zu kreieren. Dass darüber hinaus seine von ihm wohl bewusst gewählten späteren Aufenthaltsorte anregend und bildend auf sein künstlerisches Schaffen wirkten, liegt auf der Hand.

In Hamburg (wo Händel übrigens u. a. Bekannte aus Halle wiedertraf, wie beispielsweise Barthold Heinrich Brockes, der kurz zuvor in Halle studiert und hier ein studentisches Collegium musicum gegründet hatte, und seinen sechs Jahre älteren Mitschüler Johann Gottfried Riemenschneider, der später als Bass auch seinem Londoner Opernensemble angehörte) kamen also zu den bereits gelegten Grundlagen weitere Anregungen und Kenntnisse hinzu. Und offenbar spielte dabei die Musik des ebenfalls aus Mitteldeutschland (aus dem von Halle etwa 50 km entfernten Teuchern) stammenden damaligen Leiters des Hamburger Opernhauses, Reinhard Keiser (1674 – 1739), den Händel wahrscheinlich schon bei seinen Besuchen in Weißenfels kennengelernt hatte, eine besondere Rolle.

Nach Italien reiste der junge Musiker und Orgelvirtuose bereits gereift und mit vorbereiteten Partituren im Gepäck, mit denen er am Ziel Furore machen sollte. Abgesehen von der mitreißenden jugendlichen Frische seiner Musik, war diese dort nicht zuletzt deshalb willkommen, weil man sie wegen seiner (schon im Unterricht bei Friedrich Wilhelm Zachow angeeigneten) Sicherheit in den Grundlagen der italienischen Schreibart für „italienisch" halten bzw. als Italiener „verstehen" konnte.

In Hannover intensivierte er noch einmal seine Kenntnisse in der französischen Schreibart. In England eroberte sich Händel eine weitere Stilwelt mit dem Studium der durch Henry Purcell geprägten späten Formen der Anthems

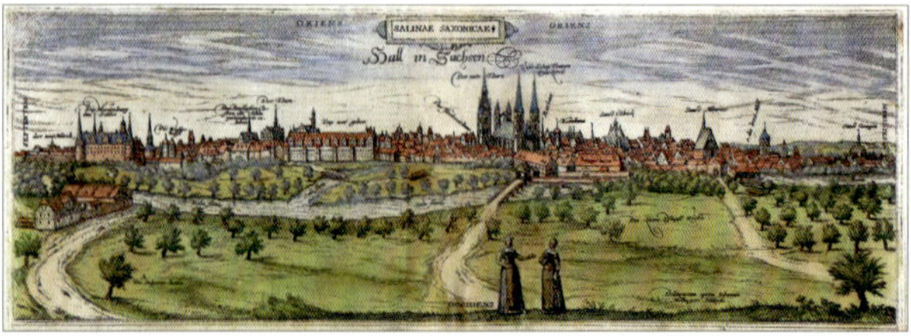

Panoramaansicht von Halle. Kupferstich von Franz Hogenberg nach Johannes Mellinger, um 1580

und Masques. Im Vordergrund aber stand hier zunächst die glanzvolle italienische Oper.

In den Kompositionen Händels ab Ende der 1730er Jahre entdecken wir erstaunt, dass der in England inzwischen vollständig eingebürgerte Musiker, teilweise über allgemeine nie verleugnete Stilmerkmale weit hinausgehend, sich der Intonation seiner Heimat noch mehr annähert und sich der von dort stammenden Zitate und musikalischen Zusammenhänge erinnert und sie verstärkt verarbeitet.

Jedoch ging es Händel (wie u. a. auch Bach und Telemann) nicht um die bloße Anwendung verschiedener zu seiner Zeit sehr unterschiedlicher nationaler Musiksprachen, Stile und Formen, sondern um deren Synthese. Die deutschen Komponisten der Barockzeit und in der Folge u. a. Carl Heinrich Graun und Johann Joachim Quantz[4] schufen damit eine ganz neue Musik aus europäischem Geist, die ihre Wurzeln zu einem großen Teil in Mitteldeutschland hat, in dem „Mittelland", das ohnehin aus allen Nachbarländern Einflüsse aufnahm, in dem aber auch (u. a. an den Höfen) Musiker tätig waren, die ihre Ausbildung in entfernteren Ländern (meist in Italien) absolviert oder ergänzt hatten. Und bei genauerer Betrachtung zeigt sich, dass die europäische Musik des 18. Jahrhunderts insgesamt von dieser vermittelnden Musiktradition beeinflusst wurde, woran Händel einen großen Anteil hatte.

Halle im 17. Jahrhundert

In der ersten Hälfte des 17. Jahrhunderts kam es durch die prunkvolle Hofhaltung des Markgrafen Christian Wilhelm von Brandenburg (1587 – 1665), der in Halle als Administrator des Erzstiftes Magdeburg residierte, zu einer Blüte der höfischen Kultur. Diese strahlte u. a. durch die Anwesenheit bedeutender Künstler in der Stadt in gewissem Grade auch auf das städtische Kulturleben aus, besonders auf die Kirchen- und Schulmusik. Doch am Ende des Dreißigjährigen Krieges lag die Stadt hoffnungslos darnieder. Sie war von Kaiserlichen, Schweden und Sachsen immer wieder erobert, besetzt und ausgeraubt, von Ruhr- und Pestepidemien heimgesucht worden.

Der Dreißigjährige Krieg war 1648 mit dem Westfälischen Frieden beendet worden, in dessen Folge in England, Frankreich und den Niederlanden einheitliche, zentral regierte Nationalstaaten entstanden, während Deutschland – auf Grund der Zersplitterung in viele teilweise sehr kleine geistliche und weltliche Territorial- und Stadtstaaten – zunächst politisch und wirtschaftlich rückständig blieb. An eine rasche Überwindung der Kriegsfolgen war hier nicht zu denken. An bedeutenden Künstlerpersönlichkeiten mangelte es jedoch in Halle nicht. Samuel Scheidt (1587 – 1654), ein hervorragender Musiker dieser Zeit, spielte – zunächst

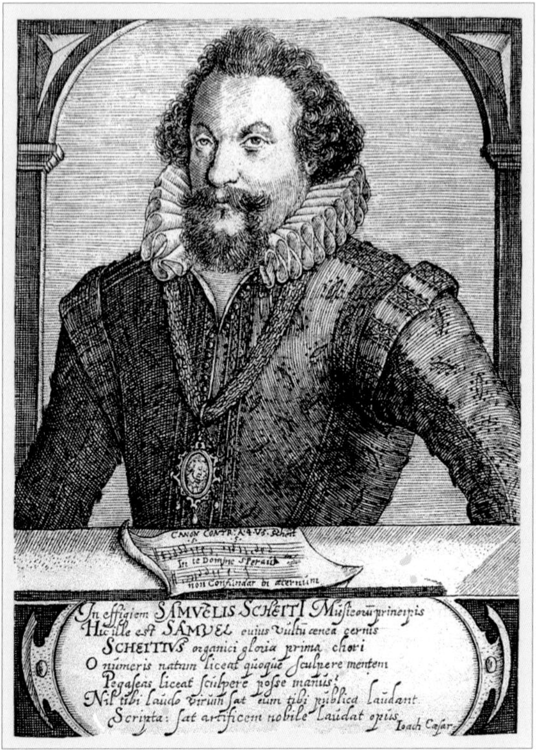

Samuel Scheidt (1587–1654). Anonymer Stich aus „Tabulatura nova“, 1624

als Hoforganist und seit 1619 als Hofkapellmeister – eine führende Rolle im halleschen Musikleben. Er war weit über die städtischen Grenzen hinaus bekannt und galt als der große Orgelmeister seiner Generation.[5]

Einen besonderen Bekanntheitsgrad erlangte seine *Tabulatura nova*. Aber auch andere Kompositionen Samuel

Scheidts, in erstaunlicher Zahl in Druckausgaben erschienen, fanden eine weite Verbreitung.

Herzog August von Sachsen-Weißenfels (1614–1680), zweiter Sohn des Kurfürsten Johann Georg I. von Sachsen, war vom Magdeburger Domkapitel in Nachfolge von Christian Wilhelm von Brandenburg 1628 (mit noch nicht einmal 14 Jahren) zum Erzbischof und Administrator gewählt worden. Aber er konnte erst zehn Jahre später, nach dem Rückzug der schwedischen Truppen, in sein Amt eingeführt werden, und 1642 bezog er dauerhaft die Residenz in Halle.

Herzog Augusts Neigung zur Pracht und seine Verschwendungssucht hatten fatale Folgen für seine Erben,[6] jedoch konnte die Stadt Halle in einer damals äußerst kritischen Zeit nach dem Dreißigjährigen Krieg davon sowohl materiell als auch ideell profitieren. Als kunstliebender Mäzen förderte August u. a. großzügig Musik und Theater. Zum Nachfolger des 1654 verstorbenen Samuel Scheidt berief der Herzog Philipp Stolle (1614–1675), der (mit einigen Unterbrechungen) von 1631 bis 1654 in der von Heinrich Schütz geleiteten Dresdner Hofkapelle gewirkt hatte, nach Halle. Gleichzeitig mit dieser Berufung gründete er eine Hofoper, die deutschsprachige „singende Comedien“ und „Singballette“ aufführte. Zwischen 1654 und 1681 wurden hier achtzehn solcher Werke in Szene gesetzt.

Während die Hofhaltung angesichts der im Umland nach Kriegsende noch lange vorherrschenden Not und des vertraglich vorgezeichneten Endes der halleschen Residenz an Glanz verloren hatte, muss die Ausstrahlung der Hofoper doch groß genug gewesen sein, um bedeutende Musiker wie beispielsweise David Pohle (1624–1695), Christian Ritter (um 1645 – nach 1717), Johann Beer (1655–1700) oder Johann Philipp Krieger (1649–1725) anzuziehen. Die jährlichen finanziellen Aufwendungen für die Hofmusik waren beträchtlich und überstiegen beispielsweise 1676 mit 4.500 Thalern sogar die der Dresdener Hofoper.

Nach dem Tod des letzten Administrators des Erzbistums Magdeburg, Herzog August, trat 1680 die bereits im Westfälischen Friedensvertrag festgelegte Gebietsabtretung in Kraft, und Halle wurde brandenburgisch. Der älteste Sohn des Herzogs, Johann Adolf I. (1649 – 1697), verlegte den Sitz des Hofes wie geplant nach Weißenfels. Damit verloren etliche hallesche Bürger Teile ihrer wirtschaftlichen Basis[7] und die Stadt die segensreichen kulturellen Auswirkungen des Hoflebens auf das städtische Leben. Bedeutende bei Hof angestellte Künstler, die sich auf vielfältige Weise am städtischen Leben beteiligt hatten, mussten Halle verlassen und hinterließen zunächst ein erhebliches Defizit, das erst Jahre später nach und nach auf einer ganz anderen Basis wieder ausgeglichen werden konnte.

Davon unabhängig hatte die städtisch beaufsichtigte Kirchenmusik schon vorher einen hohen Stellenwert in der Stadt. Und durch die glückliche Anstellung des 20-jährigen Friedrich Wilhelm Zachow (1663 – 1712) im Jahre 1684 begann eine bemerkenswerte Blütezeit. Von der allgemeinen Anerkennung Zachows zeugen die in vielen Archiven Mitteldeutschlands überlieferten Abschriften seiner vielgestaltigen und für damalige Zeit modernen und beispielhaften Kirchenkantaten.[8]

Die Machtübernahme durch das Kurfürstentum Brandenburg brachte neben den tiefgreifenden politischen auch wirtschaftliche Umwälzungen mit sich. Gleichzeitig kam zunächst durch die wütend um sich greifende Pest, die 1681 bis 1683 in Halle 5.566 Opfer forderte (fast die Hälfte der damaligen Bevölkerung), das wirtschaftliche und gesellschaftliche Leben völlig zum Erliegen. Ein wirtschaftlicher Aufschwung war nur durch Zuwanderung, besonders durch die von der brandenburgischen Regierung geförderte Ansiedlung von Ausländern möglich. Eine hervorgehobene Rolle spielten dabei die seit der Aufhebung des Ediktes von Nantes in Frankreich grausam verfolgten Hugenotten, die neben ihrer Arbeitskraft auch beträchtliche Geldmittel, Maschinen und moderne Produktionsmethoden in ihre neue Heimat mitbrachten.

Ein glücklicher Umstand für Halle war die Anwesenheit des wegen seiner fortschrittlichen Lehrmeinungen von der Leipziger Universität vertriebenen weitberühmten Gelehrten Christian Thomas (Thomasius) (1655 – 1728). Er gab durch seine Vorlesungen, die er seit 1690 in der „Ritterakademie", der Nachfolgeeinrichtung der „Adelsakademie zur Pflege höfischer Bildung und ritterlicher Künste" in Halle hielt, einen entscheidenden Anstoß zur Gründung der Universität in dieser Stadt. In ihr sollten neben Theologen vor allem die zahlreichen von der brandenburgischen Regierung benötigten Beamten ausgebildet werden. Die glanzvollen und kostspieligen Einweihungsfeierlichkeiten, denen der Univeritätsgründer, der brandenburgische Kurfürst Friedrich III., mit einem großen Gefolge beiwohnte, fanden am 11. Juli 1694 statt.

Die hallesche Universität gehörte schon zu Beginn des 18. Jahrhunderts neben denen in Leipzig, Göttingen und Jena zu den größten vier deutschen Universitäten, und schon bald nach der Gründung spielte sie eine bedeutende Rolle im gesellschaftlichen und geistigen Leben der Stadt Halle. Einer der Gründe dafür war wohl, dass einige der meist noch jungen Gelehrten ihre Schriften im bewussten Gegensatz zu der damals üblichen Praxis an anderen Hochschulen

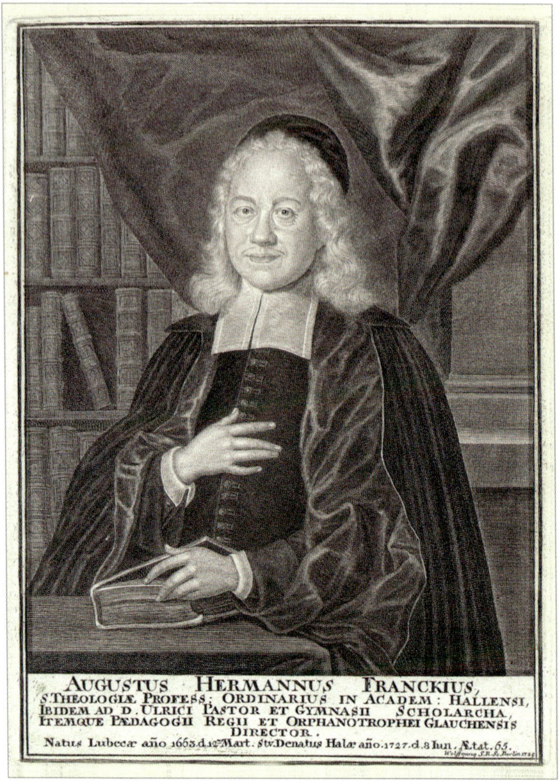

August Hermann Francke. Kupferstich von Johann Georg Wolffgang, 1729

nicht in lateinischer, sondern in deutscher Sprache drucken ließen. In oft langen öffentlichen, ebenfalls häufig in deutscher Sprache geführten Disputationen wurden die Studenten mit dem Gedankengut der Frühaufklärung vertraut gemacht.

Bald nach der Universitätsgründung begann August Hermann Francke (1663 – 1727) auf der Grundlage eines kurfürstlichen Privilegs 1698 mit dem Aufbau der nach ihm benannten Franckeschen Stiftungen, einem Waisenhaus, das sich zu einer religiösen Schulstadt entwickeln sollte und später zu einem Zentrum eines weltumspannenden Netzwerkes, das die Ansichten und Reformpläne des halleschen Pietismus weltweit verbreitete. Das aus dieser Aufbruchsstimmung resultierende geistig inspirierende Klima in Halle konnte nicht ohne prägenden Einfluss auf Händels persönliche Entwicklung bleiben. Vielleicht ist auch sein späteres Engagement für das Londoner Waisenhaus (Foundling Hospital) auf eine frühe Anregung im Zusammenhang mit der Gründung der Franckeschen Stiftungen zurückzuführen.

Halle profitierte in vielerlei Hinsicht von der jungen Universität, nicht zuletzt auch wirtschaftlich von den hier lebenden Professoren und Studenten. Bei den Bürgern weniger gern gesehen waren die häufigen Saufgelage der Studenten, die meist großen Lärm verursachten, oft in Streitereien und wüsten Schlägereien endeten und zuweilen sogar mit dem Degen „ausgefochten" wurden. Zu den positiven Nebenwirkungen des Studentenlebens gehörten die studentischen Musizierabende, und man darf vermuten, dass Händel daran schon vor seiner Immatrikulation teilnahm.

Im Schutz der Familie

Der aus Breslau stammende Großvater unseres Komponisten, Valentin Händel, wurde im Jahre 1609 in das Bürgerbuch der Stadt Halle als „Kupfer Schmidt von Preßlau" eingetragen. Schon ein (vermutlich direkter) Vorfahre, „Valten Hanndel", hatte 1544 in Breslau den gleichen Beruf ausgeübt und war 1568 dort Bürger geworden. Der bald sehr angesehene neue hallesche Einwohner hatte schon 1608 (vor seiner Übersiedelung nach Halle) die Tochter Anna des Kupferschmiedemeisters Samuel Beichling aus Eisleben geheiratet. Zwei Söhne dieser Ehe wurden ebenfalls Kupferschmiede.

Einen weiteren Sohn, Georg Händel (1622–1697), zog es in die Welt, nachdem er das Bader-Handwerk erlernt hatte. Während der Feldzüge des Dreißigjährigen Krieges sammelte er vielfältige Erfahrungen nicht nur als Wundarzt. In die Heimat zurückgekehrt, ging er bei dem halleschen „Chirurgen und Barbier" Adam Albrecht erneut in die Lehre und heiratete 1643 die Witwe Anna des auf dem Neumarkt ansässigen Wundarztes Christoph Oettinger. Bald gelangte er zu Ansehen, Wohlstand und Berühmtheit. Schon 1645 (mit 23 Jahren!) wurde er zum Amtschirurgen von Giebichenstein berufen, und 1660 trat er als Leibchirurg in den Dienst des Herzogs August. In dieser Position kaufte er 1666 das nahe der Residenz gelegene Haus „Zum Gelben Hirschen", das spätere Geburtshaus Georg Friedrichs.

Die Pest nahm dem Wundarzt im Jahre 1682 seine Lebensgefährtin und beendete so eine harmonische Ehe. Aber in Verbindung mit seinem Giebichensteiner Amt und besonders während der schweren Jahre, in denen Georg Händel als Pestarzt eingesetzt war, hatte er die Tochter des Giebichensteiner Pfarrers Taust kennengelernt. Im Jahre 1683 vermählte sich dann „der Edele WohlEhrenveste, Grosachtbare und Kunstberühmte Herr Georg Hendel, Churfürstl. Brandenburgischer Wolbestalter Kammerdiener, mit Jungfer Dor[o]theen Taustin"[9] mit 61 Jahren in zweiter

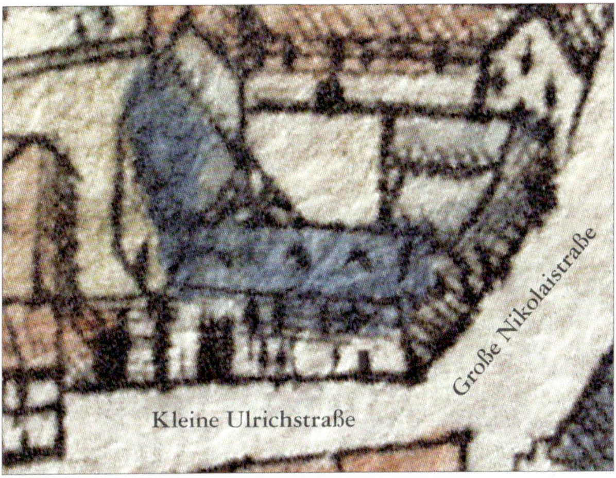

Händels Geburtshaus, wie es in einem Kupferstich des Grundplanes der Stadt von Fridrich Daniel Bretschneider (nach Johan Wisthofor) 1667 dargestellt ist.

Wegen der Kleinheit der Hausdarstellung (ca. 5 mm) sind auf diesem Plan kaum Details zu erkennen, auch ist wohl die Ausdehnung nicht realistisch bzw. maßstabsgerecht erfasst. Deutlich ist aber, dass es sich um ein langgestrecktes Haus mit Giebel zur heutigen Großen Nikolaistraße handelte.

Die heutige charakteristische Eck-Umbauung des Gebäudes erfolgte sicherlich erst nach Händels Zeit zwischen 1772 und 1782, als der hallesche Ratsmeister Friedrich August Reichhelm (1727 – 1782), der Ehemann von Händels Nichte und Patentochter Johanna Friederike Michaelsen, das Haus umbauen ließ, „um es zu einem fortdauernden Denkmal des berühmten Mannes zu weihen.“[10] (Das korrespondiert auch mit einigen klassizistischen Elementen in den entsprechenden im Rahmen des Umbaus hinzugefügten Räumen.) An der Längsfront zur Kleinen Ulrichstraße befanden sich der Hauseingang (rechts), der bis 1946 genutzt wurde, und ein großes Tor (links).

Ehe. – Später (1730) wird sie in ihrer Leichenpredigt als eine außergewöhnliche Frau beschrieben.

In dieser Ehe wurde Georg Friedrich Händel am 23. Februar 1685 geboren und am darauffolgenden Tag in der Marktkirche getauft. Über seine Kindheit und die Schulzeit ist nur wenig bekannt. Fast alle biographischen Kenntnisse über Händels Jugendzeit verdanken wir einigen Anekdoten, die im Wesentlichen auf Johann Mattheson[11] und auf die erste Händel-Biographie aus dem Jahre 1760, verfasst von John Mainwaring,[12] zurückgehen.

Welche Schule Georg Friedrich besuchte, haben beide Biographen nicht berichtet. Als Sohn eines angesehenen „Grosachtbaren" halleschen Bürgers könnte er u. a. zwischen 1692 und 1702 das Stadtgymnasium absolviert haben oder wurde von den dort tätigen Lehrern privat unterrichtet, was durchaus üblich war. Hier erhielt er, glaubt man den noch erhaltenen Lehrplänen, eine gründliche Allgemeinbildung, die unter anderem die Unterrichtsfächer Geschichte, Geographie, Stilkunde, Logik, Moral, Physik sowie die Sprachen Lateinisch, Griechisch und Hebräisch umfasste. Das bestätigt auch Mattheson. Aber auch musikalische Anregungen fehlten sicherlich nicht, und es ist anzunehmen, dass der kleine Händel auch im Schulchor mitgesungen hat.

„Von Kindesbeinen an hatte dieser Händel eine solche ungemeine Lust zur Musik bezeiget, daß sein Vater, der ihn sonst zum Juristen bestimmet hatte, darüber in Unruhe gerieth." [13] Händel hatte wohl bereits im Elternhaus Unterricht an verschiedenen Instrumenten erhalten, bevor der Vater aus Sorge um die Zukunft oder auch um die Gesundheit des Jungen die musikalische Betätigung einschränkte oder gar verbot, wie der erste Händel-Biograph John Mainwaring zu berichten weiß. Diese Tatsache war häufig Anlass, Händels

Vater als eng und musikfeindlich darzustellen, was sich als fragliche Spekulation erweist, wenn wir bestimmte Begebenheiten daraufhin betrachten. Zum Beispiel ist bekannt, dass „Herr Georg Hendel, Fürstl Kammerdiener" mit Herrn „Christian Ritter, Musikant [...] und [...] Herrn David Pohle", Hofkapellmeister, eine enge Freundschaft pflegte,[14] die natürlich kaum auf dem Nährboden einer Musikfeindlichkeit gediehen sein konnte.

Der lebenserfahrene und auch leidgeprüfte Wundarzt hatte sich durch Zielstrebigkeit, Pragmatik und eisernen Willen aus ärmlichen Verhältnissen (sein Vater war früh verstorben, so dass er aus finanziellen Gründen die höhere Schule nicht abschließen konnte) auf eine geachtete, relativ gehobene gesellschaftliche Stufe emporgearbeitet, die er auch für seinen Sohn als Minimalziel postuliert haben mag. Dieser sollte offenbar brandenburgischer Beamter werden, wofür ein Jurastudium die Voraussetzung war. Exzessive Musikstudien würden ein solches Ziel wohl aus den Augen schwinden lassen, weshalb solchen Neigungen im Interesse einer gesicherten Zukunft des Gemaßregelten entgegenzuwirken war. Nicht zuletzt hatte Vater Händel in seinem Umfeld Musikanten hauptsächlich als untergeordnete Bedienstete kennengelernt. Doch eine Reise nach Weißenfels, die Georg Friedrich in Begleitung seines Vaters unternommen haben soll, brachte die Wende.

Herzog Johann Adolf I. von Sachsen-Weißenfels hatte Georg Händel 1688 erneut als Leibchirurgen und geheimen Kammerdiener „von Haus aus" bestätigt.[15] Von nun an hatte dieser regelmäßig zu Konsultationen an den Weißenfelser Hof zu reisen,[16] wofür er mit einer herzoglichen Kutsche jeweils etwa sechs Stunden Fahrzeit in Kauf nehmen musste.

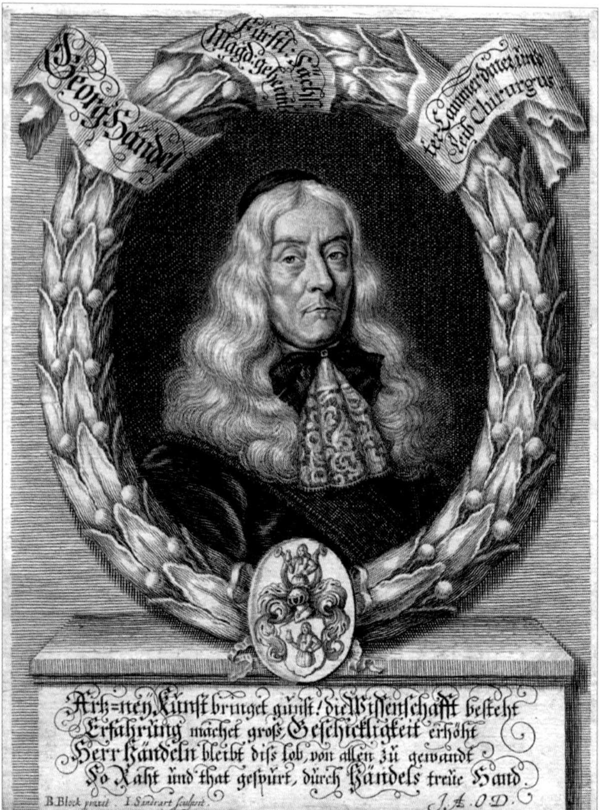

Georg Händel, der Vater des Komponisten (mit dem Berufssignum). Stich von Johann Jacob Sandrart nach Benjamin Block

Der Knabe hatte wohl schon öfter gebeten, ihn bei einer solchen Gelegenheit mitzunehmen, was ihm jedoch bis dahin verwehrt worden war, „weil sich seine Gegenwart dabey nicht schicken würde, da der Arzt nur, in Verrichtungen seines Berufs, zum Fürsten gefordert worden".[17] Davon abgesehen, dass am Hof in Weißenfels ein Halbbruder Georg Friedrichs sowie weitere Verwandte dienten, mögen dem Jungen Berichte von der Hofmusik zu Ohren gekommen sein, die ihn interessierten. Jedenfalls sollte seine Neugier endlich befriedigt werden, denn seine Beharrlichkeit stimmte den Vater schließlich um. John Mainwaring gibt dazu einen ausführlichen Bericht.

Sicherlich waren mehrere Personen daran beteiligt, ein Orgelspiel des Knaben nach einem Gottesdienst in der Weißenfelser Hofkapelle in Anwesenheit des Herzogs zu arrangieren. Dieser erkundigte sich erwartungsgemäß, „wer es gewesen, der sich auf der Orgel so wohl gehalten hätte", und war dann sehr erstaunt, dass solche außergewöhnlichen Klänge von einem Siebenjährigen ausgegangen waren.[18] Danach gelang es schließlich mit Hilfe der Autorität des Musik liebenden Herzogs, den Vater zum Einlenken zu bewegen, der Begabung des Kindes nicht mehr im Wege zu stehen und ihm Unterricht bei Friedrich Wilhelm Zachow, dem damals besten Musiker Halles, angedeihen zu lassen. Dieser, so berichtet Mainwaring, „zeigte dem Händel die mannigfältige Schreib- und Setzarten verschiedener Völker, nebst eines jeden besondern Verfassers Vorzügen und Mängeln. Und damit er auch eben sowol in der Ausübung, als in der Beschaulichkeit, zunehmen mögte, schrieb er ihm öfters gewisse Aufgaben vor, solche auszuarbeiten; ließ ihn öfters rare Sachen abschreiben, damit er ihres gleichen nicht nur spielen, sondern auch setzen lernete. Solchemnach fand unser Lehrling mehr Arbeit und grössere Erfahrung, als sonst gemeiniglich ein anderer bey seiner Jugend zu haben pflegt."[19] – Lesen wir den Text genau, dann erfahren wir:

Im Unterricht bei Zachow wurde nicht nur allgemein der Grundstein gelegt für die später gerühmte „vollkommene Harmonie", die Händels Musik auszeichnete, und den Kontrapunkt, sondern auch für seine außergewöhnlichen Erfolge, die er schon in Italien und später in England feiern konnte, indem er die verschiedenen nationalen Musikstile bereits beherrschte, bevor er in die genannten Länder reiste. Die nationalen Musiksprachen unterschieden sich Anfang des 18. Jahrhunderts z. T. wesentlich voneinander. Dies finden wir in einer Passage aus der ersten Händel-Biographie bestätigt,[20] aus der wir erfahren, dass Händel anlässlich einer Probe seiner Serenata *Il Trionfo del Tempo* (1707 in Rom) dem berühmten Arcangelo Corelli, im Orchester der Konzertmeister, die Geige aus der Hand nahm und demonstrierte, wie er den Beginn der Ouvertüre gespielt haben möchte, worauf Corelli geantwortet haben soll: „Aber mein lieber Sachse, diese eure Musik ist nach dem französischen Stil eingerichtet, darauf ich mich gar nicht verstehe." Ein Eingeständnis, das den musikalisch-stilistisch universell gebildeten jungen Händel wohl einigermaßen überrascht haben mag, weil er selbst solche Hürden nicht kannte.

Den „damahls schon wichtigen Hrn. Georg Fried. Händel" kennenlernen

Georg Philipp Telemann berichtet in seiner Autobiographie, er habe auf seiner Reise von Magdeburg zum Studium nach Leipzig im Jahre 1701 eigens in Halle Station gemacht, um den „damahls schon wichtigen Hrn. Georg Fried. Händel"[21]

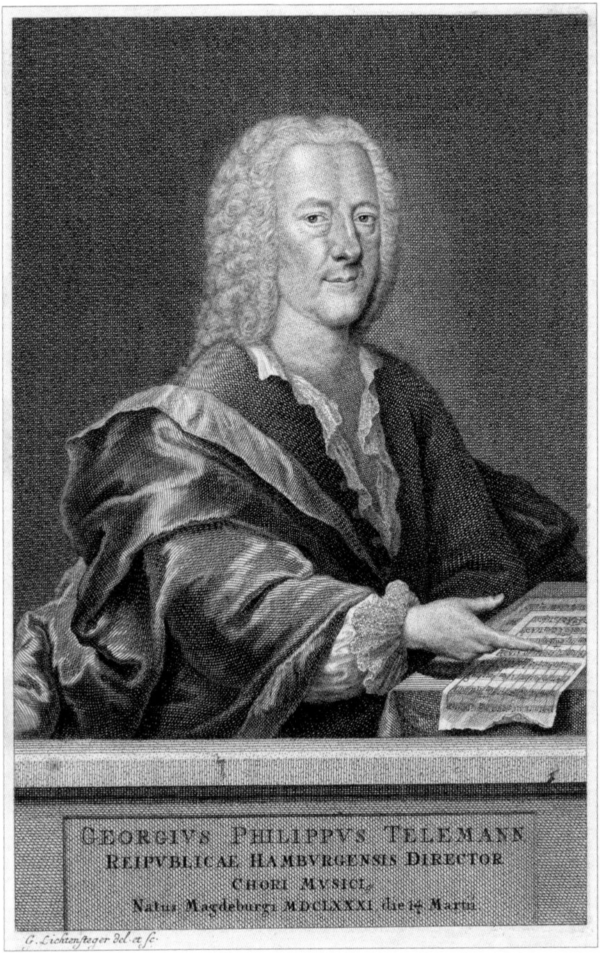

Georg Philipp Telemann.
Stich von Georg Lichtensteger

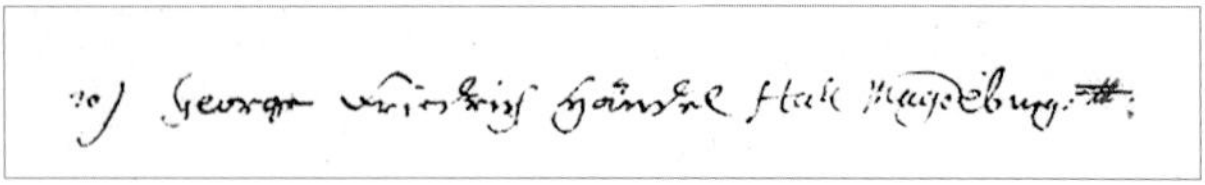

Händels Eintragung in die Matrikel der hallischen Universität[22]

kennen zu lernen. Diese Begegnung sollte sich übrigens zu einer lebenslangen Freundschaft entwickeln. Telemann erinnert sich, dass Händel und er sich regelmäßig sowohl brieflich wie bei gegenseitigen Besuchen in Halle und Leipzig über kompositionstechnische Details ausgetauscht hätten.[23]

Händel könnte zwischen 1701 und 1703 bei solchen Gelegenheiten in Leipzig auch einige Male Aufführungen der Leipziger Oper erlebt haben, die Telemann wohl seit 1702 selbst leitete. (Telemann führte dort auch eigene Werke auf.) Bei solchen Gelegenheiten mag bei Händel endgültig der Entschluss gereift sein, Musiker zu werden.

Aber im Februar 1702 schrieb sich der junge Künstler zunächst in die Matrikel der halleschen Universität als Student ein. Doch war dies wohl mehr ein Zeichen seines Respektes gegenüber dem Wunsche des verstorbenen Vaters als eigenes Streben. Denn die Neigung, Musiker zu werden, mochte er schon als Zwölfjähriger gehabt oder sich bereits als solcher gefühlt haben, als er das Trauergedicht auf den Tod seines Vaters mit „Der freyen Künste ergebener" unterzeichnete.

Im gleichen Jahr wurde „vor andern Studiosus Georg Friedrich Hendel [...] seiner geschickligkeit halber"[24] für das Organistenamt am reformierten Dom verpflichtet. In dieser Eigenschaft kam er auch mit der hallischen Musikervereinigung, der „Hautboistenbande der Hyntzsche", in engeren Kontakt. Später erinnerte er sich: „Ich schrieb damals

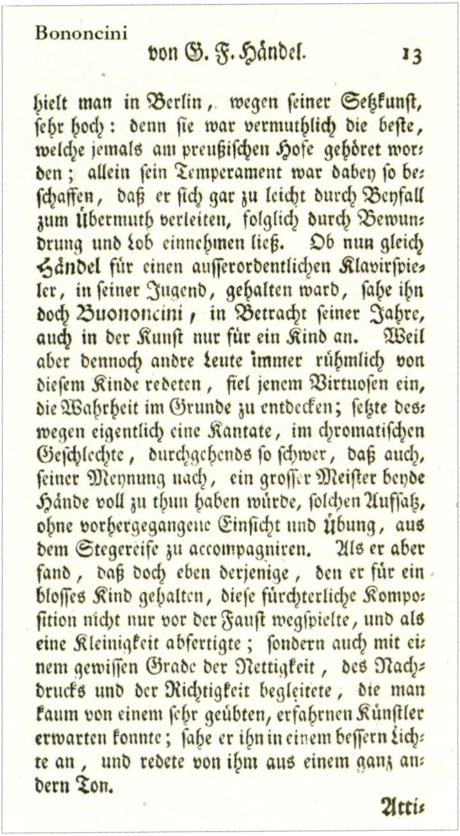

Bononcini

von G. F. Händel. 13

hielt man in Berlin, wegen seiner Setzkunst, sehr hoch: denn sie war vermuthlich die beste, welche jemals am preußischen Hofe gehöret worden; allein sein Temperament war dabey so beschaffen, daß er sich gar zu leicht durch Beyfall zum Übermuth verleiten, folglich durch Bewundrung und Lob einnehmen ließ. Ob nun gleich **Händel** für einen ausserordentlichen Klavirspieler, in seiner Jugend, gehalten ward, sahe ihn doch **Buononcini**, in Betracht seiner Jahre, auch in der Kunst nur für ein Kind an. Weil aber dennoch andre Leute immer rühmlich von diesem Kinde redeten, fiel jenem Virtuosen ein, die Wahrheit im Grunde zu entdecken; setzte deswegen eigentlich eine Kantate, im chromatischen Geschlechte, durchgehends so schwer, daß auch, seiner Meynung nach, ein grosser Meister beyde Hände voll zu thun haben würde, solchen Aufsatz, ohne vorhergegangene Einsicht und Übung, aus dem Stegereife zu accompagniren. Als er aber fand, daß doch eben derjenige, den er für ein blosses Kind gehalten, diese fürchterliche Komposition nicht nur vor der Faust wegspielte, und als eine Kleinigkeit abfertigte; sondern auch mit einem gewissen Grade der Nettigkeit, des Nachdrucks und der Richtigkeit begleitete, die man kaum von einem sehr geübten, erfahrnen Künstler erwarten konnte; sahe er ihn in einem bessern Lichte an, und redete von ihm aus einem ganz andern Ton.

Atti-

Eine Seite aus der ersten Händel-Biographie von 1760/61[28]

wie der Teufel; am meisten für die Hoboe, die mein Lieblingsinstrument war."[25] Angesichts der Produktivität späterer Jahre lässt diese Bemerkung auf eine sehr große Anzahl von Kompositionen in seiner hallischen Zeit schließen, von der allerdings kein Werk in seiner eigenen Handschrift überliefert ist. Wir können vermuten, dass einiges davon für Unterrichtszwecke kopiert wurde und erst, als Händel bereits berühmt war, wieder ans Licht trat. Anderes hat in spätere Kompositionen Eingang gefunden. Nur wenige Bruchstücke lassen sich mit einiger Sicherheit als sehr frühe Kompositionen identifizieren.

Schon bald hatte der Schüler seinen Lehrer übertroffen, und Halle war „nun kein Ort mehr für einen Jüngling, der sich so löblich bestrebte".[26] Diese Bestrebungen bezogen sich augenscheinlich in erster Linie auf die Musik. Aber neben der „ungemeinen musikalischen Wissenschaft", wie sein späterer Freund Johann Mattheson mitteilt, hatte Händel in dieser Zeit auch andere „Wissenschaften auf dasiger hohen Schule" betrieben.[27] – Es ist anzunehmen, dass der junge Student und Musiker aufmerksam und aufgeschlossen die Möglichkeiten nutzte, in Vorlesungen der berühmten jungen Professoren der halleschen Universität den neuen aufklärerischen Gedanken zu folgen. Jedoch stand die künstlerische Zukunft im Mittelpunkt seiner beruflichen Ziele, und dieser Zukunft sollten wohl auch eine oder zwei Reisen an den Berliner Hof dienen. Berichten zufolge hatte sich Händel 1698 und/oder 1702/03 am Berliner Hof (vermutlich auch im Schloss Lietzenburg, dem brandenburgisch-preußischen „Musenhof" des Barock) aufgehalten.

Eine solche Reise machte man als Dreizehn- bzw. Siebzehnjähriger damals natürlich nicht „ins Blaue hinein". Da haben sicherlich Verwandte und Freunde der Familie ihre „Hand im Spiel" gehabt, was nur so gewertet werden kann, dass diese Händels Berufspläne jenseits der ursprünglichen Wünsche des Vaters kannten und akzeptierten.

Die Schlossherrin Sophie Charlotte liebte Musik und Theater und engagierte hervorragende Künstler, unter ihnen die Komponisten Attilio Ariosti (seit 1697) und Giovanni Bononcini (seit 1702/03). Beiden sollte Händel später in London wieder begegnen. Nähere Umstände des Berlin-Aufenthaltes sind uns jedoch nicht bekannt.

Hamburg – Tor zur Welt

Die „freye Reichs- und Hansestadt" Hamburg hatte sich zu einem fortschrittlichen und weltoffenen Stadtstaat entwickelt, in dem sich die wohlhabenden Bürger vielfältige kulturelle Unterhaltungen leisteten und die Künste sich prächtig entfalten konnten. Zudem war Hamburg im Gegensatz zu anderen Städten von den Schrecken und Zerstörungen des Dreißigjährigen Krieges weitgehend verschont geblieben.

Georg Friedrich Händel erreichte die Stadt im Frühjahr des Jahres 1703. Über den Anlass und den Verlauf dieser Reise gibt es nur wenige Informationen.[29] Es ist kaum anzunehmen, dass Händel seine zwar schlecht bezahlte, aber relativ sichere Organisten-Stelle am Dom in Halle „auf gut Glück" verlassen hätte. Allem Anschein nach folgte das hallesche Wunderkind einem „Ruf" aus Hamburg. Bernd Baselt vermutet begründet, dass Reinhard Keiser es war, der Händel zunächst als 2. Geiger an die Hamburger Oper holte und ein Jahr später – in direkter Nachfolge von Johann Christian Schieferdecker – als Cembalisten beschäftigte.[30]

Keiser stammte aus Teuchern, nahe bei Weißenfels gelegen. Der Weißenfelser Hof – insbesondere die künstlerisch hochstehende Hofoper – hatte sicherlich schon auf den Knaben Händel eine große Anziehungskraft ausgeübt. Hier weilte auch Keiser etliche Male, um einige seiner Opern aufzuführen. Eventuell ist er bei diesen Gelegenheiten auf den begabten jungen Georg Friedrich aufmerksam geworden. In Hamburg dann bewährte er sich ihm gegenüber als väterlicher Freund und anregender Mentor.[31]

Bald nach seinem Eintreffen in dieser Stadt trat Händel auch zu dem vier Jahre älteren Komponisten, Sänger und Musikschriftsteller Johann Mattheson (1681 – 1764) in engeren Kontakt. Dieser erinnert sich 1740 in seiner „Grundlage einer Ehrenpforte“: Händel „war starck auf der Orgel: stärcker, als Kuhnau, in Fugen und Contrapuncten, absonderlich ex tempore; aber er wuste sehr wenig von der Melodie, ehe er in die hamburgische Oper kam.“ [32] An anderer Stelle führt er aus: „Als Händel nach Hamburg kam, setzte er sehr lange, lange Arien, und schier unendliche Cantaten, die doch nicht das rechte Geschicke oder den rechten Geschmack, ob wohl eine vollkommene Harmonie hatten; wurde aber bald, durch die hohe Schule der Oper, gantz anders zugestutzet [...]“ [33]

Mattheson kam es sicherlich gelegen, dass der jüngere Händel noch wenig Erfahrung auf dem Gebiet der damals modernen Oper besaß und er als Mentor und auch als Mäzen aktiv werden konnte. Beide unternahmen im August 1703 (wie zwei Jahre später auch Johann Sebastian Bach) eine Reise nach Lübeck, um die Kunst des hochgeachteten Orgelmeisters Dietrich Buxtehude (1637 – 1707) kennenzulernen. Für die hier ausgeschriebene Organisten-Stelle interessierten sie sich jedoch offenbar wenig, zumal diese nur über die Heirat einer nicht mehr ganz jungen Tochter Buxtehudes zu bekommen war.

Auch den späteren Hamburger Senator Barthold Heinrich Brockes traf Händel in Hamburg wieder. Dieser war wahrscheinlich bereits seit der Zeit seines Studiums in Halle (1700–1702) mit Händel bekannt.

Das Hauptinteresse Händels galt augenscheinlich der Oper in Hamburg. Die Oper am Gänsemarkt war 1677 nach dem Vorbild des *Teatro San Cassiano* in Venedig gegründet worden und erfreute sich großer Popularität. Ihr langjähriger Leiter, Reinhard Keiser, führte diese Bühne zu einem künstlerischen Höhepunkt. Vor allem ihm war es zu verdanken, dass sie nicht nur italienische Vorbilder nachahmte, sondern Werke mit nationaler Eigenart zu entwickeln begann.

Händel spielte an dieser Bühne zunächst die zweite Geige. Wenig später bewies er seine Fähigkeiten auch als Cembalist. Mattheson wusste im Nachhinein von Händels Start in Hamburg zu berichten: „Anfangs spielte er die andre [die zweite] Violine im Opern-Orchester, und stellte sich, als ob er nicht auf fünfe zählen könnte, wie er denn von Natur zum dürren Schertz sehr geneigt war. Als es aber einsmahls am Clavierspieler fehlte, ließ er sich bereden, dessen Stelle zu vertreten, und bewies sich als ein Mann.“[34]

Doch einer solchen Anerkennung seines etwas jüngeren Kollegen wurden durch seine Eitelkeit Grenzen gesetzt: Mattheson hatte eine neue Oper, „Cleopatra“, komponiert, in der er bei der Aufführung am 5. Dezember 1704 sich selbst als Sänger die Rolle des Antonius zudachte. Die Oper war so konzipiert, dass er am Ende des 3. Aktes den Bühnentod erlitt, um den 4. Akt noch selbst am Cembalo dirigieren zu können. Händel, der die drei ersten Akte geleitet hatte, weigerte sich aber, den Platz am Cembalo frei zu machen. Daraufhin kam es zu einer ernsten Auseinandersetzung, die im Eifer in einem Duell mit kreuzenden Klingen endete.

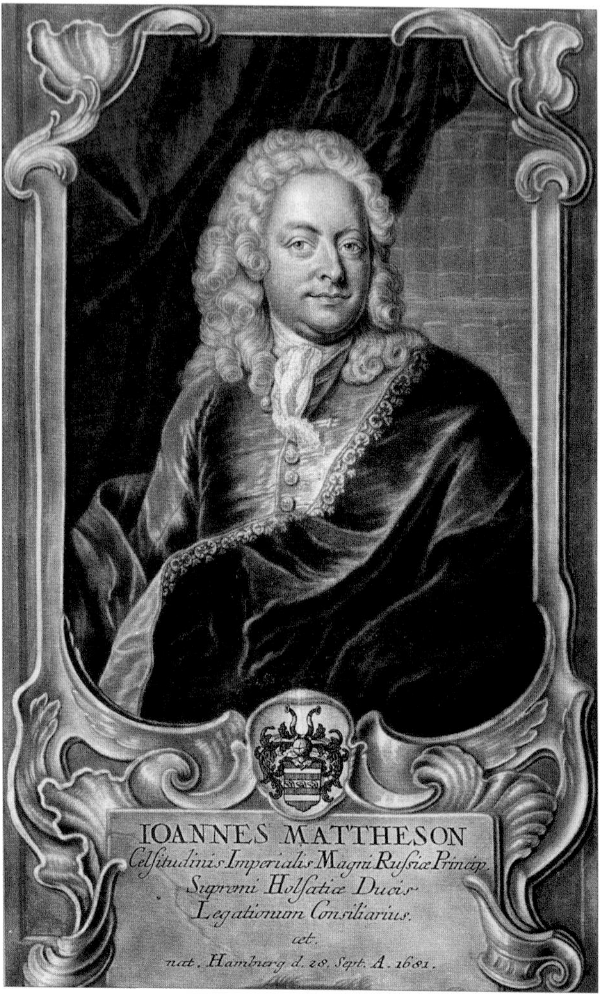

Johann Mattheson. Schabkunst von Johann Jacob Haid
nach Johann Salomon Wahl[35]

Der Erzählung nach hätte Händels Leben ein Ende gefunden, wenn Matthesons Degen nicht an einem großen metallenen Knopf am Gewand des Gegners zersprungen wäre. In einer anderen Version der Schilderung dieses Ereignisses verhinderte eine Partitur in Händels Rocktasche das Eindringen der Klinge.[36]

Mattheson versuchte bei seiner Übersetzung der Biographie von John Mainwaring dieses Duell zu verharmlosen und Händel als „groß, stark, breit und kräftig vom Leibe", also genügend wehrhaft, darzustellen, was im Jahre 1704 jedoch wohl noch nicht wirklich zutraf. Und in seiner Kurzbiographie bemerkte er dazu, dass sie danach „bessere Freunde wurden als vorhin".[37] Das zuvor unvoreingenommene Verhältnis blieb aber nicht ganz unbelastet, wie man späteren Kommentaren des Musikschriftstellers Mattheson bei aller dem Jüngeren gezollten Anerkennung entnehmen kann.

Nicht nur als Cembalist und Dirigent, auch als Komponist ging Händels Stern in Hamburg auf. Für die Hamburger Bühne komponierte er vier Opern:

1. *Der in Kronen erlangte Glückswechsel, oder: Almira, Königin von Kastilien,*
2. *Die durch Blut und Mord erlangte Liebe, oder: Nero,*
3. *Der beglückte Florindo* und
4. *Die verwandelte Daphne.*

Von diesen Werken ist nur *Almira* vollständig überliefert. Reinhard Keiser, der das gleiche Libretto vertont hatte, verzichtete auf eine Aufführung in Hamburg und ließ dem jungen Kollegen den Vortritt. – Die beiden letzteren Opern, ursprünglich als ein Werk konzipiert (*Florindo und Daphne*), aber wegen ihrer Länge von mehr als sechs Stunden später geteilt, wurden im Januar 1708 aufgeführt, als Händel schon in Italien weilte. Von den vermutlich zahlreichen anderen Kompositionen der Hamburger Zeit kennen wir nur einige wenige Instrumentalstücke.

Händels „Absicht war niemals gewesen, sich in Hamburg zu setzen: er gab vielmehr den Pachtern [Betreibern des Opernhauses], bey seiner Ankunft, schon zu verstehen, dass er nur als ein Reisender dahin gekommen, um etwas zu lernen.“ [38] Nach reichlich drei Jahren in Hamburg hatte er hier vor allem viel über die Oper gelernt, und nun strebte er in das „Land der Musik“, nach Italien. – Mainwaring berichtet von einer Einladung vom Prinzen von Toscana (Gian Gastone de’ Medici), mit dem Händel bei dessen Hamburg-Besuch zusammengetroffen sein soll.

Vermutlich verließ Händel Hamburg bereits im Frühjahr 1706, und einiges deutet darauf hin, dass er sich einige Zeit in Halle aufgehalten hat, bevor er die Reise nach Italien fortsetzte.[39]

Il Caro Sassone

Spätestens im Herbst 1706 (im Winter vermied man die gefährliche Passage über die Alpen) traf Händel in Italien ein, wo er sich bis zum Frühjahr 1710 aufhielt.

Solche Reisen waren in jedem Fall mit großem zeitlichem Aufwand und mit Gefahren verbunden. Welche Route Händel nahm, wissen wir nicht. Wenn Florenz sein direktes Ziel in Italien war, ist es durchaus möglich, dass er wieder über Leipzig fuhr – u. a. weil sich dadurch die Möglichkeit für einen Besuch in Halle ergab (der zwar nicht dokumentiert, aber nicht auszuschließen ist). Der Leipziger Postzeiger bot eine direkte Verbindung nach Florenz an drei Tagen an (dienstags, freitags und samstags).[40] Verglichen mit anderen Routen mag die Reise Leipzig–Florenz 12 bis 15 Tage gedauert haben.[41]

Eine solche Unternehmung musste gut vorbereitet sein: Eine die Ländergrenzen überschreitende Reise war mit allerlei Formalitäten verbunden. So waren u. a. (besonders in Deutschland und Italien mit ihren kleinstaatlichen Gliederungen) zahlreiche Reisepässe und Gesundheitszeugnisse zu beschaffen. In Italien selbst harrten noch weitere Hindernisse und Gefahren, denn Wien und Paris stritten zu dieser Zeit um Spanien. Unter den Kampfhandlungen des sogenannten Spanischen Erbfolgekrieges hatten weite Teile Europas, besonders aber auch die italienischen Staaten zu leiden. Daneben musste man auch mit Wegelagerern rechnen, die in abgelegenen Gegenden den Reisenden auflauerten, um sie auszurauben.

Das Fahrgeld für die gewöhnliche Post (Händel konnte sich zu diesem Zeitpunkt sicherlich noch keine Eilpost oder gar eine private Kutsche leisten) betrug nach der sächsischen Post- und Taxordnung 5 Groschen[42] pro Meile[43] und Person. (Für andere Unternehmungen sind vergleichbare Preise zu vermuten.) So kam bei längeren Strecken ein nennenswerter Betrag zusammen. Zusätzlich waren je Station ein Groschen Trinkgeld an den Postillion sowie zwei Groschen „Schmiergeld“ an den Wagenmeister zu zahlen. Für die 42 Meilen Hamburg–Leipzig hatte Händel wohl schon ca. 12 Taler zahlen müssen, für die Weiterfahrt von Leipzig nach Florenz wurden für die etwa 110 Meilen weitere 550 Groschen (ca. 23 Reichstaler) plus ca. 250 Groschen (ca. 11 Taler) für

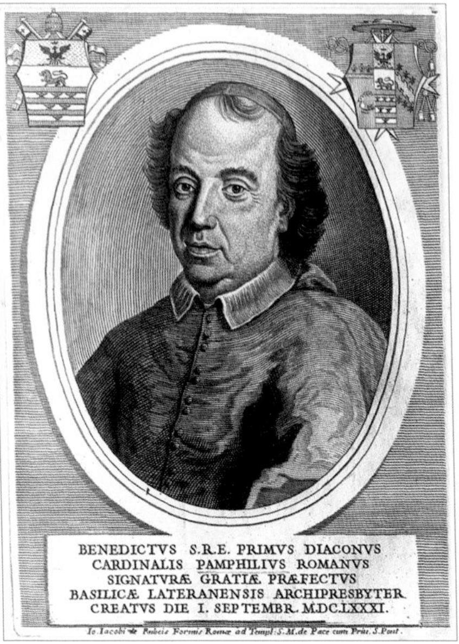

Benedetto Pamphilj. Stich von Johann Jacob Rubeis

die schätzungsweise mindestens 70 Poststationsaufenthalte, also insgesamt etwa 35 Taler fällig, Kost und Logis nicht eingerechnet. Für eine Reise von Hamburg nach Florenz mit der ordinären Post sollte man nach P. A. Lehmann mit 60 Talern rechnen.[44]

Die äußeren Lebensdaten Händels zwischen 1706 und 1710 sind nur mit wenigen Fakten untermauert. Es scheint aber, dass er sich zunächst in Florenz aufhielt, in der Stadt, die er anscheinend auch in den darauffolgenden Jahren regelmäßig im Herbst besuchte.

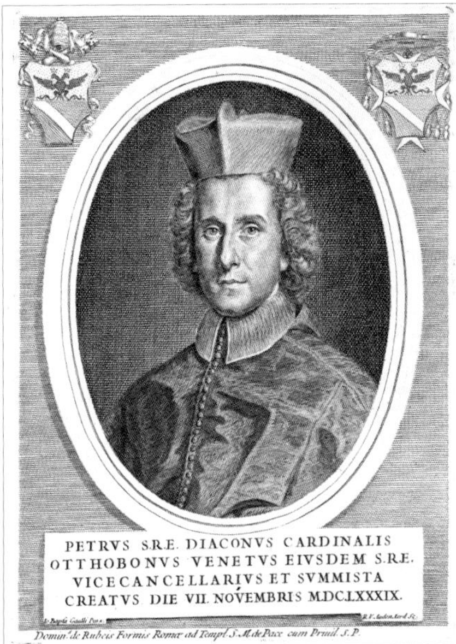

Pietro Ottoboni. Stich von Robert van Audenaerde nach Giovanni Battista Gaulli [46]

Im Dezember 1706 oder Januar 1707 weilte Händel bereits in Rom. Höchstwahrscheinlich bezieht sich eine Tagebucheintragung (Rom, 14. Januar 1707) auf ihn: „In dieser Stadt ist ein Sachse angekommen, ein ausgezeichneter Cembalospieler und Komponist, der heute zum Erstaunen aller den Beweis für seine Virtuosität im Orgelspielen in der Kirche S. Giovanni gegeben hat.“ [45]

Während seines Rom-Aufenthaltes war Händel häufig Gast in den Palästen der Kardinäle Benedetto Pamphilj (1653 – 1730), Pietro Ottoboni (1668 – 1740) und Carlo

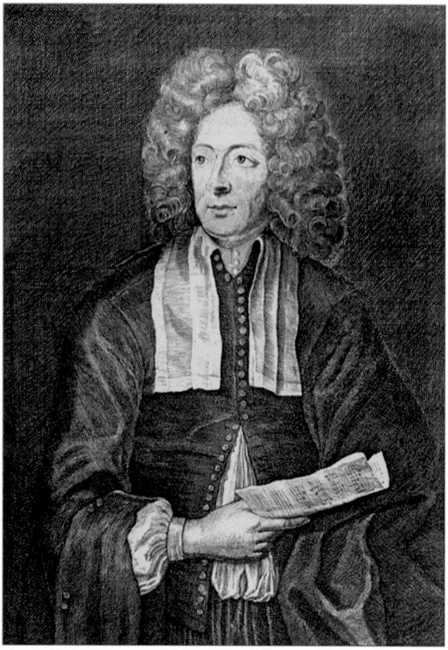

Arcangelo Corelli. Stich von William Sherwin nach Hugh Howard

Colonna (1665 – 1739) – Mitglieder und führende Köpfe der römischen Accademia dell'Arcadia, eines poetischen Zirkels, der 1690 zur „Bekämpfung des schlechten Geschmacks" gegründet worden war. Es war ein Kreis sehr interessierter und gebildeter Adliger und Künstler, die sich regelmäßig bei „conversazioni" trafen. So veranstaltete der Kardinal Ottoboni jeden Mittwoch im Palazzo delle Cancelleria Apostolica Abendunterhaltungen mit verschiedenen künstlerischen, vor allem auch musikalischen Beiträgen. Für diese Gelegenheiten hat Händel später neben zahlreichen Kantaten seine

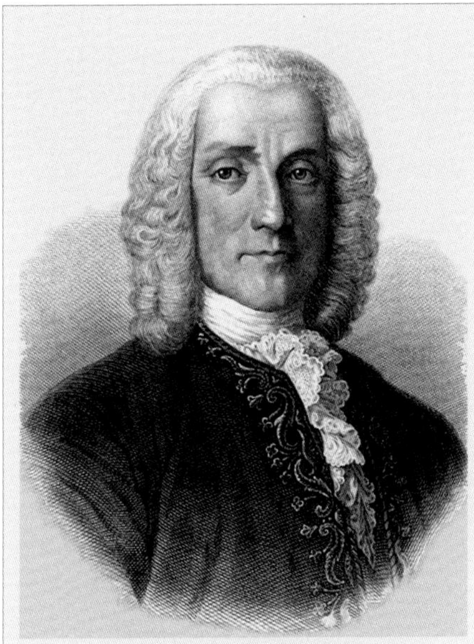

Domenico Scarlatti. Stahlstich von August Weger nach Domingo António de Velasco

Serenata *Il trionfo del tempo e della verità* (*Der Triumph von Zeit und Wahrheit*) komponiert und aufgeführt (ursprünglicher Titel: *La Bellezza Raueduta nel Trionfo del Tempo è dell'Disinganno messo in Musica*).

Wahrscheinlich von Dezember 1706 bis Oktober 1707 wohnte Händel als Gast im römischen Palast des Fürsten Francesco Maria Ruspoli (1672–1731) am Campidolio. Für ihn komponierte er u. a. eine größere Anzahl italienischer Kantaten, die hauptsächlich während der „conversazioni" im Palazzo Bonelli aufgeführt wurden.

Im Oktober/November 1707 hielt sich Händel vermutlich zum wiederholten Mal in Florenz auf. Hier wurde seine erste italienische Oper *Vincer se stesso è la maggior vittoria* (später *Rodrigo* genannt) aufgeführt. Danach verbrachte der gefeierte junge Komponist den Winter in Venedig. Dort machte er weitere wichtige Bekanntschaften wie z. B. die des Kardinals Vincenzo Grimani (1655 – 1710), der für ihn das Libretto zu *Agrippina* schreiben sollte.

Zunächst treffen wir Händel aber wieder in Rom, wo am 8. April 1708 (Ostersonntag) im Palazzo Bonelli sein neu komponiertes Oratorium *La Resurrezione* (*Die Auferstehung*) aufgeführt wurde. Die berühmte Sopranistin Margherita Durastanti sang die Partie der Maria Maddalena. Bei der Wiederholung am nächsten Tag durfte sie allerdings nicht noch einmal mitwirken: Der Papst hatte öffentliche Bühnen-Auftritte von Frauen verboten; deshalb musste die Sängerin für weitere Aufführungen durch einen Kastraten ersetzt werden. Das Orchester spielte – wie schon erwähnt – unter der Leitung von Arcangelo Corelli. Für dieses Oratorium komponierte Händel eine Arie („Ho un non so che nel cor" [„In meinem Herzen spricht's zu mir"]), in der die Melodie deutlich auf die Gavotte aus Corellis Violin-Sonate op. 5 Nr. 10 verweist: ein Zeichen seiner Verehrung des mehr als dreißig Jahre älteren Komponisten und hervorragenden Violinisten. Diese Arie wurde so erfolgreich, dass Händel sie mit geringen Änderungen auch in seine nächste große Oper *Agrippina* übernahm.

Im Mai 1708 reiste er nach Neapel, wo er bis Mitte Juli im Palast des Herzogs von Alvito wohnte. Dort beendete er auch die Serenata *Aci, Galatea e Polifemo.*

Den nächsten Winter (1708/09) verbrachte Georg Friedrich Händel vermutlich wieder in Rom. Hier organisierte

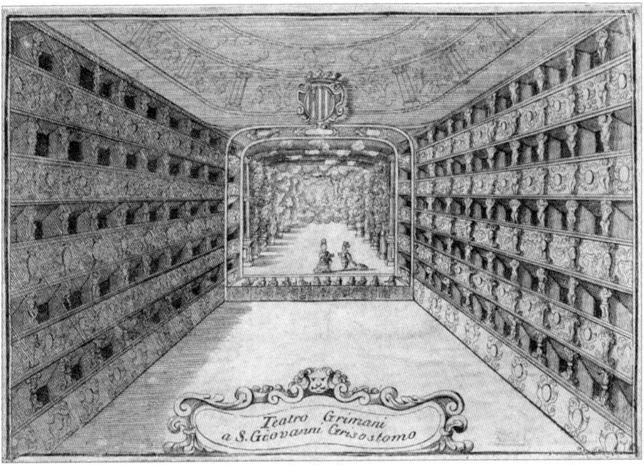

Teatro San Giovanni Grisostomo in Venedig. Stich von Vincenzo Maria Coronelli

einer seiner Gastgeber, Kardinal Pietro Ottoboni, einen Wettbewerb zwischen ihm und Domenico Scarlatti (1685 – 1757), der viel Aufsehen erregen sollte.

Die Zuhörer des Wettbewerbs wurden sich schließlich einig, dass beide Künstler in ihrer Eigenart unübertrefflich seien, Scarlatti sich etwas virtuoser auf dem Cembalo zeigte, Händel aber stärker an der Orgel war. Mainwaring berichtet: „Scarlatti selbst muste bekennen, dass er von Händel auf der Orgel übertroffen sey, und gestund gar gern, dass er keinen Begriff von seiner Stärke gehabt, ehe er ihn darauf gehöret hätte.“ [47]

Scarlatti hatte Händel zufällig schon vorher gehört und seinem Nachbarn zu verstehen gegeben, „es könne dieser Spieler kein andrer seyn, als der berühmte Sachse, oder der Teufel selbst“.[48]

Am Ende des Jahres 1709 traf Händel – aus Florenz kommend – erneut in Venedig ein. Im Teatro San Giovanni Grisostomo wurde am 26. Dezember mit großem Erfolg seine Oper *Agrippina* in Szene gesetzt und in der gleichen Saison 27-mal aufgeführt. Über die Uraufführung lesen wir folgenden Bericht: „So oft eine kleine Pause vorfiel, schryen die Zuschauer: Viua il caro Sassone, es lebe der liebe Sachse! Nebst andern Ausdrückungen ihres Beyfalls, die so ausschweifend waren, dass ich ihrer nicht gedenken mag. Jedermann war durch die Grösse und Hoheit seines Stils, gleichsam vom Donner gerührt: denn man hatte nimmermehr vorher alle Kräfte der Harmonie und Melodie, in ihrer Anordnung, so nahe und so gewaltig verbunden gehöret.“ [49]

Dieses Ereignis begründete endgültig Händels Ruhm in ganz Europa, der es ihm ermöglichte, wenig später so schnell in London Fuß zu fassen. Für seine gesamte italienische Zeit trifft wohl zu, was Mainwaring über seinen Aufenthalt in Neapel berichtete, „woselbst wie an den meisten anderen Orten, ihm ein eigener Palast zu Dienste stand, mit freier Tafel, Kutsche und aller übrigen Bequemlichkeit.“ [50]

Wahrscheinlich Ende Februar 1710 verließ der gefeierte Komponist Venedig mit dem Ziel Hannover, wo er als neuer Hofkapellmeister erwartet wurde. Sein Weg führte ihn zunächst nach Innsbruck an den Hof des Pfalzgrafen Carl Philipp von Neuburg, wo er vermutlich nach 7 bis 8 Tagen Kutschfahrt eintraf. [51] Falls er mit der Post reiste bzw. einer Postroute folgte, führte ihn sein Weg über Trient, Bozen, Brixen und über den Brenner-Pass. Der teilweise kaum befahrbare Passweg (erst 1777 ließ ihn Kaiserin Maria Theresia ausbauen) war wegen wechselnder Wetter, Stürme und Hochwasser zuweilen selbst im Sommer gefährlich und unbequem. Im Winter „hätte man lauter Schnee und Ungestüm zu besorgen, sonderlich wegen des vom Gipfel herunter fallenden Schnees, woraus im herunter weltzen so ungeheure Klumpen würden, daß sie offt gantze Wagen, nebst Mann und Pferden, in den Abgrund stürtzten [...]"[52] Das war allgemein bekannt, und ängstliche Typen würden sich wahrscheinlich in dieser Jahreszeit nicht auf eine solche Reise begeben haben. Händel tat es.

Für den Pfalzgrafen hatte Ferdinando de' Medici Händel ein Empfehlungsschreiben voll des Lobes mitgegeben. Dass Händel seine Reise offenbar erst etwa ein Vierteljahr später fortsetzte, deutet darauf hin, dass er auch in Innsbruck ein gern gesehener Gast und gefragter Künstler war.

Intermezzo in Hannover

In Italien war Händel mit einflussreichen Persönlichkeiten in Kontakt gekommen, die für seinen weiteren Lebensweg bedeutsam werden sollten: so wahrscheinlich mit dem Duke of Manchester (Charles Montagu), der eine Einladung nach England ausgesprochen haben soll, dem Baron Johann Adolf von Kielmannsegg und vielleicht auch mit dem Prinzen Ernst August von Hannover (Bruder des Kurfürsten). Es lagen weitere Einladungen nach Tirol und Düsseldorf vor. Alle diese Orte besuchte Händel, jedoch die Entscheidung für seine Anstellung in Hannover war offensichtlich schon vorher gefallen. Er traf Mitte des Jahres 1710 in Hannover ein.

Die Frage ist erlaubt, warum Händel sich so entschied. Wollte er sich nicht eigentlich voll und ganz der glanzvollen

Oper widmen, was seinerzeit wahrscheinlich der Hauptgrund dafür war, seine Heimatstadt zu verlassen? Gerade in Hannover war dies jedoch zu diesem Zeitpunkt nicht möglich, da das wenige Jahre zuvor neu erbaute Opernhaus wegen Geldmangels geschlossen war. Was veranlasste nun den jungen Musiker, trotzdem nach Hannover zu gehen? – In Kenntnis seines weiteren Lebensweges dürfen wir vermuten, dass er über die politischen Verhältnisse in Europa gut unterrichtet war. In Italien hatte er engen Kontakt zu Mitgliedern führender Familien gepflegt, von denen er auch Interna über die aktuellen Machtverhältnisse erfahren konnte. – Wusste er also, dass der Kurfürst von Hannover demnächst den englischen Thron besteigen würde? Versprach er sich von einer Anstellung bei ihm einen besseren Start für England, wohin er strebte?

Im Juni 1710 wurde Händel zum Kapellmeister des Kurfürsten Georg Ludwig von Hannover ernannt. Er erhielt ein jährliches Gehalt von 1000 Talern, eine fürstliche Entlohnung angesichts der ihn hier zu erwartetenden geringen Pflichten und der anderen äußerst günstigen Vertragsbedingungen.[53] Händel war in Italien so berühmt geworden, dass es dem Kurfürsten wohl vor allem darauf ankam, dass andere neidvoll auf den Hof in Hannover blicken sollten.

Die Kurfürstin Sophie von Hannover (1630–1714) schrieb am 4. Juni 1710 an ihre Enkelin, die preußische Kronprinzessin Sophie Dorothea, nach Berlin: „[...] ich besuche täglich unsere Kurprinzessin [Caroline von Ansbach] [...]; sie ergötzt sich an der Musik eines Sachsen,[54] die alles übertrifft, was ich je auf dem Cembalo und in der Komposition gehört habe. Man hat ihn in Italien sehr gefeiert [...]". Und am 14. Juni 1710 ergänzt sie: „[...] Hier gibt es nichts Neues, außer dass der Kurfürst einen Kapellmeister namens

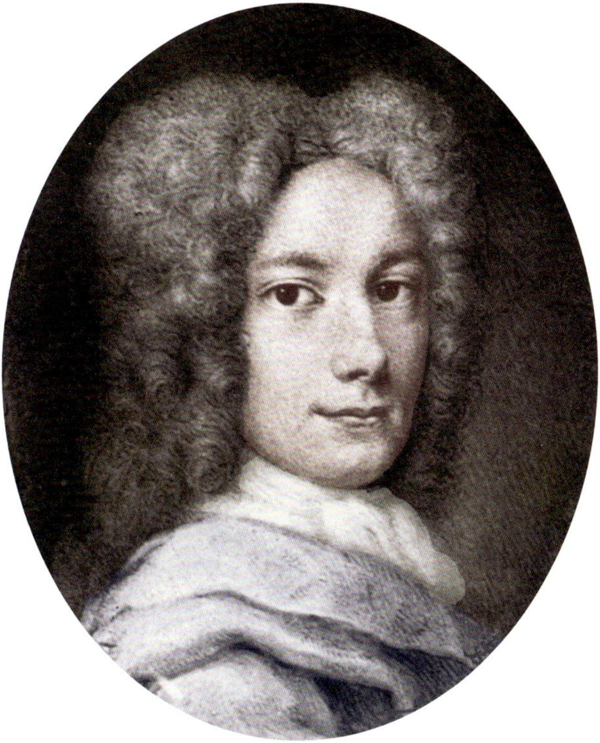

Händel in einer Miniatur von Christoph Platzer um 1710. Kolorierte Photographie. – Die Miniatur wurde 1948 (?) aus dem Händel-Haus gestohlen und ist nur als monochromatische Photographie mit einer Beschreibung der Farblichkeit überliefert.

Händel in Dienst genommen hat, der wunderbar Cembalo spielt, dem Kurprinzen und der Kurprinzessin zur Freude. Er ist ein recht schöner Mann, und der Klatsch sagt, dass er der Geliebte der Victoria gewesen sei [...]"[55] – Über letztere Bemerkung der Kurfürstin ist viel gerätselt und spekuliert worden, ohne dass diese „Victoria" bisher eindeutig identifiziert werden konnte.

Neben den Kammer-Musiken für die Mitglieder der kurfürstlichen Familie hatte Händel wahrscheinlich, wenn überhaupt, Musik für Aufführungen der Hofkapelle in Schloss und Garten Herrenhausen beizusteuern. Dort war zwischen 1689 und 1693, gleichzeitig mit dem Opernhaus in Hannover, ein reizvolles Gartentheater entstanden.

Als nach dem Tod des Herzogs Ernst August von Hannover (1695) das Opernensemble hauptsächlich aus finanziellen Gründen aufgelöst worden war, wurde hier in den Sommermonaten neben französischen Komödien vor allem Instrumentalmusik aufgeführt. Die hannoversche Hofmusik war zu dieser Zeit noch nach französischem Vorbild organisiert, und die Hofkapelle hielt sich genau an die Regeln der französischen Aufführungspraxis. Durch sie hatte seinerzeit Telemann von Hildesheim aus, wo er das Gymnasium besuchte, Gelegenheit gehabt, die französische Schreibart kennen zu lernen. Außerdem hätten ihn die „trefflichen Instrumentenspieler" veranlasst, auf seinem Instrument „stärker" zu werden. In seiner Autobiographie von 1718 äußerte er sich: „Hier ist der beste Kern von Frankreichs Wissenschaft zu einem hohen Baum und reiffer Frucht gediehen."[56]

Auch Händel konnte also hier seine Kenntnisse im französischen Stil vervollkommnen. Zumindest die Grundlagen dieses Stils waren ihm ja bereits seit seiner Zeit in Halle vertraut. Nicht zuletzt hatte er während seines Organisten-Amtes am Dom zu Halle Gelegenheit, mit französischen Emigranten, den Hugenotten, in engeren

Kontakt zu treten, wodurch sich auch seine später in Briefen bewiesenen gediegenen französischen Sprachkenntnisse erklären.

Nach Mainwarings Überlieferung hatte Händel innerhalb der erwähnten günstigen Vertragsbedingungen auch die Möglichkeit, für bereits früher zugesagte Besuchsreisen längeren Urlaub zu nehmen. So traf er ungefähr Ende November 1710 in London ein. „Die Nachrichten von seiner ungemeinen Fähigkeit waren, schon vor seiner Ankunft in England, daselbst ausgebreitet [...] Er wurde bald bey Hofe eingeführet, und von der Königinn mit Gnadenzeichen beehret [...]".[57]

Auf dem Wege nach England hatte Händel auch in Düsseldorf Station gemacht. Eine Einladung dorthin, ja sogar ein Angebot des Kurfürsten Johann Wilhelm (1658 – 1716) für eine Anstellung als Hofkapellmeister, war ihm schon in Italien übermittelt worden.

In Düsseldorf gab es seit 1659 ein modern eingerichtetes Theater und eine ausgezeichnete Operntruppe. Doch weder diese Tatsache noch ein großzügiges Geschenk des Kurfürsten konnten den jungen Komponisten an seiner Weiterreise hindern.

So sehr sich Händel auch mit der italienischen Oper verbunden fühlte, war diese augenscheinlich nicht der einzige Grund für seine Entscheidung. Vielmehr „liebte doch Händel seine Freyheit gar zu sehr"[58], wie Mainwaring bemerkt, denn er habe nie längeres Interesse an einer festen Anstellung gezeigt. London übte auf den jungen Musiker offenbar einen großen Reiz aus. Außerdem gab es vermutlich, seinen Besuch betreffend, schon feste Absprachen. Im September 1710 verließ Händel Düsseldorf und reiste über die Niederlande nach London weiter.

Es ist erstaunlich, mit welcher Leichtigkeit dieser junge Mann, der verschiedene Sprachen beherrschte, zunächst wohl aber nur wenig Englisch verstand, sich in der riesigen Weltstadt London zurechtfand und vor allem schier unüberwindliche Hürden nahm, um Eingang in die führenden gesellschaftlichen Kreise, adlige wie bürgerliche gleichermaßen, zu finden. Es leuchtet ein, dass dies nur durch einflussreiche Vermittler möglich gewesen sein konnte.

Zunächst traf Händel in London das Sängerehepaar Francesca und Giuseppe Boschi wieder. Beide hatten ein Jahr zuvor in Venedig zum Erfolg der *Agrippina*-Aufführung beigetragen, und beide genossen Ansehen und Einfluss am Theatre in the Haymarket. Francesca Vanini-Boschi machte ihr Publikum kurz nach dessen Ankunft auf Händel aufmerksam, indem sie in einer Aufführung von Alessandro Scarlattis Oper *Pirro e Demetrio* am 6. Dezember 1710 die schon erwähnte Arie aus *La Resurrezione* / *Agrippina* einfügte. Einer anderen Sängerin, Elisabetta Pilotti-Schiavonetti, die ebenfalls gerade in der englischen Hauptstadt weilte, war Händel in Hannover begegnet. (Sie sang später in der Oper *Rinaldo* mit.)

Zu den Persönlichkeiten, die Händel bei seinem ersten Londoner Aufenthalt sehr wahrscheinlich behilflich gewesen waren, gehörten u. a. Johann Ernst Galliard, ein deutscher Musiker aus Celle (Schüler von Agostino Steffani), Andrew Roner, ebenfalls ein Deutscher, sowie neue wichtige Bekanntschaften wie Aaron Hill, Leiter des Haymarket Theatre, der Librettist von *Rinaldo* Giacomo Rossi, der Dichter John Hughes, John Jacob Heidegger und der Kohlenhändler Thomas Britton, der in dem Raum über seinem Kohlenlager Konzerte veranstaltete, die sich großer Beliebtheit erfreuten. Aber auch Verbindungen zu den Londoner

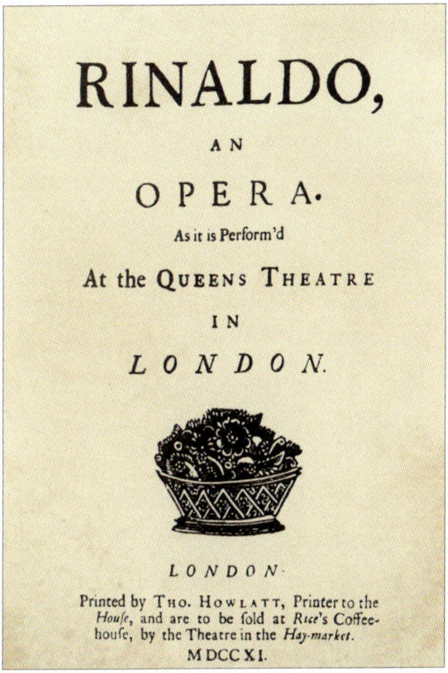
RINALDO,

AN

OPERA.

As it is Perform'd

At the QUEENS THEATRE

IN

LONDON.

LONDON:

Printed by THO. HOWLATT, Printer to the *Houſe*, and are to be ſold at *Rice*'s Coffee-houſe, by the Theatre in the *Hay-market*.

MDCCXI.

Titelblatt zum Textbuch der Aufführung der Oper „Rinaldo" 1711

Adelskreisen müssen schon bestanden haben, denn anders wäre der erste Besuch bei Königin Anna, von dem die Biographen berichten, nicht möglich gewesen.

Im Auftrag des Pächters des Theaters am Haymarket, Aaron Hill, vertonte Händel das Libretto zur Oper *Rinaldo* von Giacomo Rossi. Die Aufführungen glänzten mit einer in London noch nicht gehörten frischen und dabei sehr anrührenden Musik, aber auch mit szenischen Raffinessen, z. B. mit der Aufsehen erregenden modernen und sehr effektvollen Theatermaschinerie, die u. a. feuerspeiende Drachen und Flugmaschinen aufzubieten in der Lage war.

Dabei kam es auch zu gewissen Auswüchsen, die für Gesprächsstoff sorgten. So wurden zu der lauschigen, von Flöten und einem Flageoletto ausgeschmückten Sopranarie der Almirena „Augelletti, che cantate …" („Kleine Vögel, die singen …") Spatzen in den Theatersaal entlassen. *The Spectator* bemerkte dazu am 6. März 1711 spöttisch: „Die Spatzen und Buchfinken fliegen noch sehr unregelmäßig über die Bühne, und anstatt sich auf die Bäume zu setzen und ihre Rolle zu spielen, fliegen diese jungen Akteure entweder in die Galerien oder löschen die Kerzen aus, während Herr Powell [der Tiertrainer] sein Schwein so diszipliniert hat, dass er in der ersten Szene ein Menuett mit ihm zusammen tanzt. Ich bin jedoch darüber informiert, dass Herr Powell beschloss, […] in seiner nächsten Oper […] Lerchen" statt Spatzen einzusetzen.[59]

Auch solche Storys trugen zu dem sensationellen künstlerischen und gesellschaftlichen Erfolg bei, den der Komponist mit dieser Oper errang. Dieser Erfolg rief aber auch die ersten Kritiker gegen die italienische Oper in London auf den Plan, von denen später noch zu hören sein wird.

Anfang Juni 1711, *Rinaldo* war inzwischen fünfzehn Mal aufgeführt worden, verließ Händel London und kehrte über Düsseldorf nach Hannover zurück. Von hier aus besuchte er auch seine Familie in Halle, wo er am 23. November an der Taufe seiner Nichte Johanna, der zweiten Tochter seiner Schwester, als Pate teilnahm.

Wie aber zu erwarten war, lag es nicht in Händels Absicht, längere Zeit in Hannover zu bleiben, und er bereitete zielstrebig seinen nächsten England-Aufenthalt vor. Mit englischen Freunden und Bekannten stand er in ständigem Briefverkehr.

In Hannover hatte er wichtige Bekanntschaften gemacht und auch einige Freundschaften geschlossen. Zu den

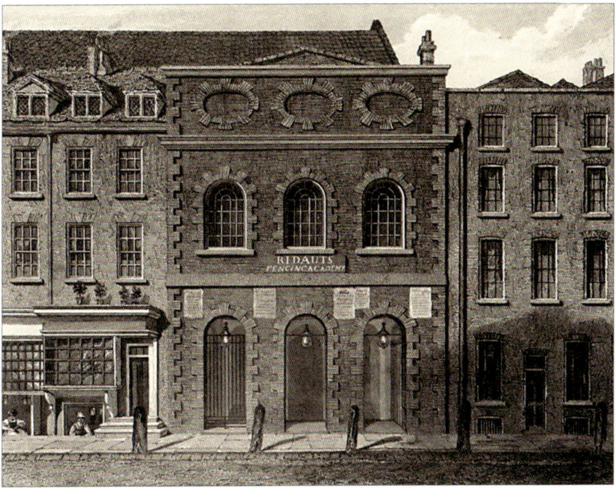

Eingang zum Londoner Haymarket Theatre. Radierung von Charles John Smith nach William Capon

besonders anregenden Persönlichkeiten dieser Zeit gehörte der bedeutende Philosoph und Naturwissenschaftler Gottfried Wilhelm Leibniz. Er zählte zu den häufigen Gästen der Caroline von Ansbach und zeigte auch für Musik ein besonderes Interesse.

London – neue Lebenswelt

Im Spätherbst des Jahres 1712 begab sich Händel auf seine zweite „Urlaubsreise" nach London, wo er dann für immer seinen Wohnsitz nehmen sollte. Wie bei seinem ersten Aufenthalt in London galt Händels Hauptaugenmerk auch bei seiner Rückkehr der Oper. Er hoffte, seinen grandiosen *Rinaldo*-Erfolg mühelos vervielfachen zu können. Die nächste Oper, *Il pastor fido*, erlebte allerdings nur sechs Aufführungen. Das Libretto, von Giacomo Rossi nach Battista Guarinis gleichnamigem Pastoralspiel von 1585 zusammengestellt, entsprach nicht den Erwartungen des Londoner Publikums. Vor allem bot es nicht die szenischen Abwechslungen, an die man sich bei den *Rinaldo*-Aufführungen gewöhnt hatte. In einer Francis Colman zugeschriebenen tagebuchartigen Chronik der Opern-Aufführungen dieser Zeit in London heißt es schlicht: „Die Szene zeigt nur das Land Arcadiens, die Kostüme waren alt – die Oper kurz.“ [60]

Aber dieser Misserfolg ließ Händel nicht resignieren, sondern spornte ihn zu neuen Höchstleistungen an. Noch im Dezember 1712 beendete er die Oper *Teseo*, deren Uraufführung am 10. Januar 1713 stattfand. An dem Erfolg dieser Oper war auch Niccolo Francesco Hayms wirkungsvolles Libretto beteiligt. Mit Haym, der sich mit Gleichgesinnten für eine englischsprachige Oper einsetzte und deshalb ursprünglich auf der Seite vieler angesehener Kritiker des jungen, der italienischen Oper nahestehenden Deutschen gestanden hatte, sollte sich in der Zukunft eine fruchtbare Zusammenarbeit entwickeln.

Wenn sich auch der materielle Erfolg nicht sofort einstellte,[61] musste sich Händel um sein persönliches Wohl zunächst keine Sorgen machen, zumal ihm das Gehalt aus Hannover eine gewisse Sicherheit bot. Außerdem war er wahrscheinlich sofort nach seiner zweiten Ankunft in England Gast eines Mr. Henry Andrews in dessen Hauptresidenz in Barn Elms.[62] Wenig später, 1713 bis etwa 1717, wohnte er bei Richard Boyle (Piccadilly), wo seine äußeren

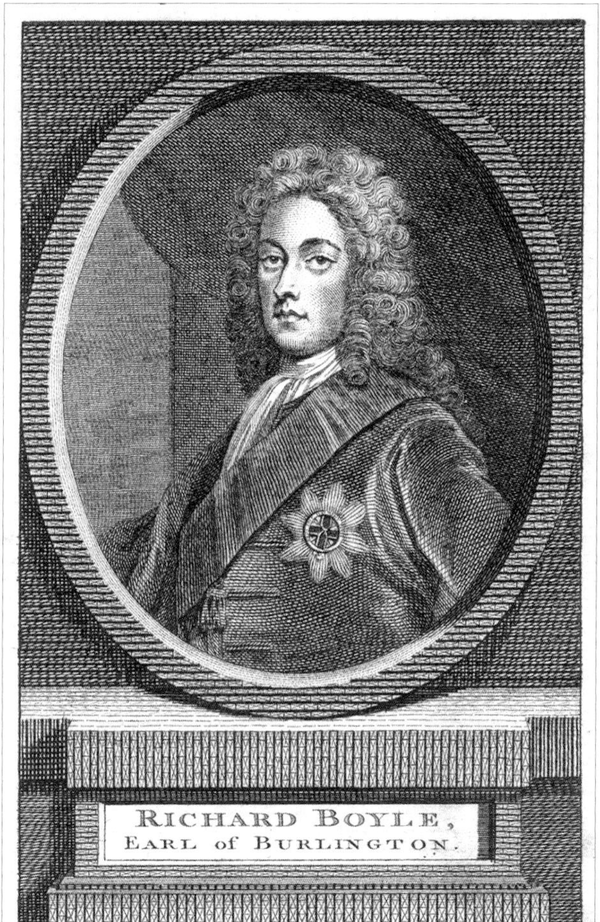

Richard Boyle, Earl of Burlington. Anonymer Stich nach Godfrey Kneller [64]

Lebensumstände denen glichen, die er von Italien her kannte. In dem jungen Grafen, besonders aber in dessen Mutter, Hofdame bei Königin Anna, und dem hier verkehrenden Arzt der Königin Dr. John Arbuthnot fand Händel die geeigneten Vermittler, ihm bei Hofe Zutritt zu verschaffen, woran der junge Komponist allem Anschein nach ein gewisses Interesse gezeigt haben muss. Auch zu Christoph Friedrich Kreienberg, einem Freund von Dr. Arbuthnot, der durch seine Funktion als Assistent des Abgesandten von Hannover mit allen wichtigen Mitgliedern der englischen Hofgesellschaft Kontakt hatte, gab es wohl Verbindungen.[63]

Der zum Zeitpunkt seines Zusammentreffens mit Händel erst 19 Jahre alte kunstsinnige Richard Boyle muss von gewinnender Art gewesen sein. Er verstand es, führende Köpfe der englischen Literatur und Kunst um sich zu scharen und so für eine anregende intellektuelle Atmosphäre in seinem Haus zu sorgen. Händel traf hier bereits zu Beginn seiner Londoner Zeit u. a. John Gay, der 1728 das Libretto zur *Beggar's Opera* (*Bettleroper*) schreiben sollte, und Alexander Pope, Mitglieder im (später so bezeichneten) Scriblerus Club, der sich der satirischen Kritik des schlechten Geschmacks in der Literatur verschrieben hatte. Dort verkehrte neben Gay z. B. auch der Schriftsteller und Satiriker, Verfasser von *Gullivers Reisen*, Jonathan Swift.

In Richard Boyles Palais am Picadilly, dem Burlington House, konnte sich Händel, materieller Sorgen enthoben, ganz seinem Schaffen widmen. Am 14. Januar 1713 hatte er bereits die Komposition eines *Te Deum* (HWV 278) abgeschlossen, um bei dem vorauszusehenden Friedensschluss von Utrecht[65] die passende Musik für die zu erwartenden Staatsfeierlichkeiten liefern zu können.

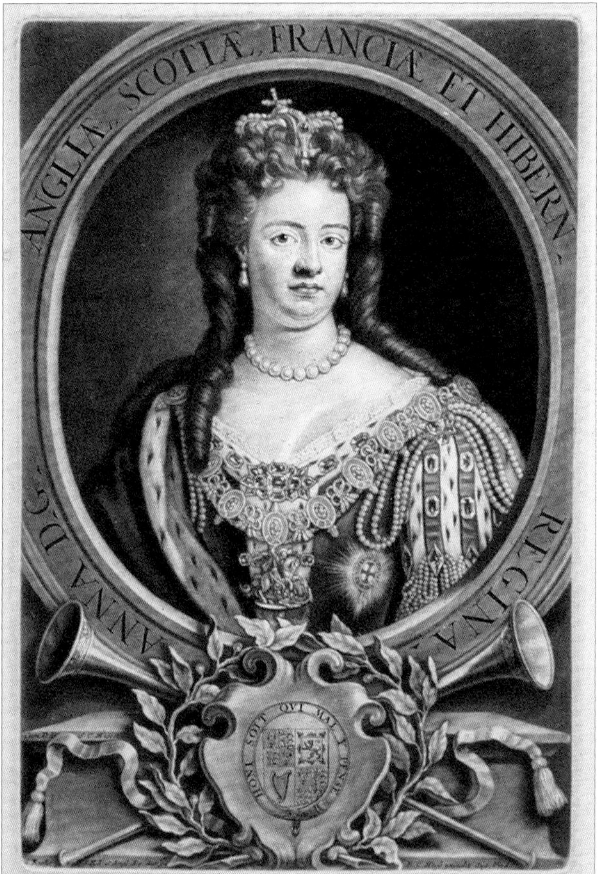

Königin Anna. Schabkunst von Elias Christoph Heiss
nach Godfrey Kneller

Über diesen Vorgang war eine Zeit lang gerätselt worden, denn nach den geltenden Gesetzen wäre an eine Aufführung der Komposition eines Ausländers zu einem solchen Ereignis nicht zu denken gewesen. Händel stand zudem noch in fremden Diensten, er war immer noch „Maestro di Capella di S. A. E. d'Hannover",[66] wie er auch noch in Presseankündigungen seiner Opern *Il pastor fido* (1712) und *Teseo* (1713) genannt wurde.

Eine Aufführung konnte in diesem Fall nur durch eine ausdrückliche königliche Ordre erfolgen, die spätestens zu dem offiziellen Dank-Gottesdienst vorgelegen haben muss, der am 7. Juli 1713 in der St. Paul's Cathedral stattfand, wofür Händel dem *Te Deum* noch ein *Jubilate* hinzugefügt hatte.[67] Für Charles Burneys Bericht, „Händel'n ward vor allem anderen, auch, wie es scheint, ohne Murren der einländischen Tonkünstler, der Auftrag gemacht, die Hymnen des Danks und Triumphs bei dieser Gelegenheit zu verfertigen [...]"[68], gibt es keine weiteren Belege, aber es erscheint möglich, dass Händel diesen Auftrag offiziell erhielt.

Königin Anna, die sich Berichten nach eigentlich wenig für Musik interessierte, soll dem Komponisten nach Anhören dieses Werkes (bei der Friedensfeier selbst war sie aus Krankheitsgründen nicht zugegen) eine lebenslange jährliche Pension von £ 200 ausgesetzt haben,[69] wofür dieser sich mit der *Ode for the Birthday of Queen Anne* bedankte. Die Königin starb allerdings wenige Monate später. Noch am Todestag, am 1. August 1714, wurde Georg Ludwig von Hannover als Georg I. zum englischen König proklamiert. Am 18. September traf er mit der neuen königlichen Familie in London ein.

England, das damals ökonomisch fortgeschrittenste Land, bot Händel besonders günstige Voraussetzungen für

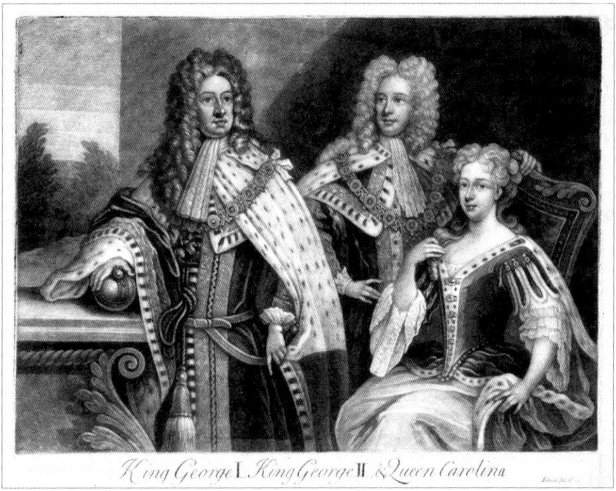

Die königliche Familie (Georg I., Georg II., Caroline von Ansbach). Schabkunst von John Simon [72]

seine persönliche und künstlerische Entfaltung. Die englische bürgerliche Revolution von 1640 bis 1649 hatte Teile der politischen Macht in die Hände der Bourgeoisie gelegt und der manufakturkapitalistischen und sozialen Entwicklung im ersten modernen bürgerlichen Nationalstaat lang anhaltende Impulse gegeben, die Voraussetzungen für eine führende Stellung in Europa und für seine Priorität in der industriellen Revolution waren.

Händel zog es in das Zentrum dieser Entwicklung. Er lebte und arbeitete in der Weltstadt und Handelsmetropole London, die um 1700 unter den Bedingungen einer noch nicht angemessen entwickelten Infrastruktur bereits unvorstellbare 575.000 Einwohner zählte. Hier offenbarten sich die positiven und angenehmen Seiten des ökonomischen und technischen Fortschritts besonders deutlich – ebenso unübersehbar aber auch die Schattenseiten einer expandierenden Großstadt: Elend, Schmutz und Kriminalität, die uns u.a. William Hogarth, ein Zeitgenosse und Freund Händels, in seinen satirisch-kritischen Bildwerken vor Augen führt.

Händel war mit Erlaubnis seines damaligen Dienstherren zu seiner zweiten Reise nach England aufgebrochen, worüber Mainwaring folgendes berichtet: „Am Ende des 1712ten Jahres gaben Se. Churfürstl. Durchl. ihm Urlaub, einen zweyten Besuch in England abzulegen; mit dem Bedinge, sich nach Verlauff einer geziemenden Zeit wieder einzustellen.“ [70] Inzwischen aber hatte Händel den Termin für seine Rückkehr nach Hannover gründlich verpasst. Sein „Brotherr“ war ihm, indem dieser den englischen Thron als König Georg I. bestieg, inzwischen „nachgereist“. Missstimmungen wegen seiner „Urlaubsübertretungen“, von denen einige Biographen berichten,[71] waren jedoch nicht erheblich und bald ausgeräumt: So wurden dem „gewesenen CapellMeister“ trotz seiner Abwesenheit 1715 500 Taler Gehalt nachgezahlt. Gewiss hatte auch Prinzessin Caroline ihren positiven Einfluss auf den König zugunsten Händels geltend gemacht.

Mit einem Abstecher nach Halle reiste Händel 1716 nach Ansbach – wahrscheinlich im Auftrag des Königs oder der Prinzessin Caroline, deren Familie dort wohnte. – Hier traf er seinen späteren Freund und Sekretär Johann Christoph Schmidt, den er überreden konnte, ihm nach London zu folgen. Wahrscheinlich erst im Dezember kehrte er nach London zurück.

Im Juli 1717 fand dann die denkwürdige „Wassermusik“-Fahrt auf der Themse statt. Im *Daily Courant* war am 19. Juli 1717 zu lesen: „Am Mittwoch [dem 17.] Abend, ungefähr um 8 Uhr, stieg der König in Whitehall in eine offene Barke […] und fuhr flussaufwärts in Richtung Chelsea, […] ein die Gesellschaft begleitendes städtisches Schiff war für die Musik engagiert worden, wobei 50 Instrumente aller Art den ganzen Weg von Lambeth […] die schönsten Symphonien spielten, eigens für dieses Ereignis von Herrn Hendel komponiert. Sie gefiel seiner Majestät so gut, dass er veranlasste, sie mehr als drei Mal zu spielen. Um elf ging seine Majestät bei Chelsea an Land, wo ein Abendessen vorbereitet worden war, und dort fand noch ein anderes sehr feines Konzert statt, das bis 2 dauerte; danach kam seine Majestät wieder in sein Boot, und kehrte auf gleichem Wege zurück, während die Musik weiterspielte, bis er gelandet war.“ [73]

Nach diesem Ereignis, das so viel Aufsehen erregte, dass sich der preußische Gesandte veranlasst sah, einen ausführlichen Bericht an den König nach Berlin zu senden, zeigten der musikliebende König, der Prinz von Wales und seine Gemahlin Prinzessin Caroline noch mehr als zuvor auch öffentlich (u. a. durch ihre Anwesenheit bei Opernaufführungen) reges Interesse an Händels Musik. Erneut standen die Opern *Rinaldo* und *Amadigi* auf dem Spielplan des Haymarket Theatre. Und Händel wurde von der Öffentlichkeit zunehmend als ein englischer National- und Staatskomponist anerkannt. Er pflegte enge Beziehungen zur Königlichen Familie, erhielt offizielle Kompositionsaufträge und unterrichtete die Prinzessinnen.

Auf Einladung von James Brydges, dem späteren Duke of Chandos, verweilte Händel vom Sommer 1717 bis zum Frühjahr 1719 in Cannons. Hier entstanden u. a. die Masque *Acis and Galatea* sowie die sogenannten *Chandos Anthems*, bereits echte englische Kompositionen. – Übrigens standen in Cannons unter Leitung von Johann Christoph Pepusch, später als Komponist der *Beggar's Opera* (1728) bekannt geworden, für musikalische Aufführungen eigene Sänger und Instrumentalisten zur Verfügung.

Aus dieser Zeit gibt es sonst nur wenige Nachrichten über Händel, woraus wir schließen können, dass er relativ zurückgezogen lebte und kein besonderes öffentliches Interesse erregte.

Die italienische Oper in London

Italien war schon seit dem 17. Jahrhundert ein beliebter Aufenthaltsort für vermögende Mitglieder des englischen Adels und besonders für deren Söhne, die zu ihrer damals obligatorischen „Grand Tour" (Kavaliersreise) bevorzugt dorthin reisten. Zu deren geschätzten Unterhaltungen gehörten Opernbesuche, auf die man schließlich auch zu Hause in London nicht verzichten wollte. 1704–1705 wurde am Haymarket das „Queen's Theatre" von Sir John Vanbrugh gebaut. Hier sollte die italienische Oper heimisch werden. Am 23. Januar 1708 übertrug Henry Grey, 1. Duke of Kent, der damalige Lord Chamberlain, dem „Queen's Theatre" die exklusiven Rechte, Opern aufzuführen. Darüber hinaus wurde dieses Theater Veranstaltungsort für weitere gesellschaftliche Ereignisse. Besonders beliebt (und für die Veranstalter einträglich) waren sogenannte Maskeraden.

Aber die Oper war ein teures Vergnügen, und das Theater war wegen des ersten Jakobitenaufstandes 1715 nicht immer ausverkauft, weil manche ängstlich vermieden, auf die Straße zu gehen. Außerdem forderten die aus ganz Europa, hauptsächlich aus Italien engagierten Sänger hohe Gagen. Und so musste das Theaterunternehmen geschlossen werden, was auch Händels große Erfolge mit seinen Opern *Teseo* und *Amadigi* nicht verhindern konnten. Aber im Winter 1718/19 sollte sich die zeitweilig etwas zurückgezogene Lebensweise Händels wieder ändern. Die Königliche Musikakademie (Royal Academy of Music), ein Aktienunternehmen zur Aufführung italienischer Opern in London, an dem sich der König mit £ 1000 beteiligte, wurde gegründet. Nun hatte Händel, zunächst allein, später neben Attilio Ariosti und Giovanni Bononcini, als Musikalischer Direktor alle Hände voll zu tun. Er musste wieder in London wohnen. Die zu erledigenden Geschäfte waren so dringend und vielfältig, dass er eine seit langem geplante Reise nach Halle mehrmals verschob. Bei seinem Schwager entschuldigte er sich: „Es ist sehr zu meinem Bedauern, dass ich mich hier durch sehr wichtige Angelegenheiten gebunden fühle, von denen (ich wage zu sagen) meine ganze Zukunft abhängt.“ [74] Erst im Mai 1719 reiste er, wahrscheinlich im Gefolge des Königs, der sich zum wiederholten Mal für mehrere Monate nach Hannover begab, nach Deutschland, um im Auftrag des Gouverneurs der Royal Academy für die bevorstehende Opern-Saison Sänger zu engagieren.

Auf dem Wege nach Dresden, wo sich wegen der prunkvollen Festlichkeiten zur Vermählung des sächsischen Kurprinzen (Friedrich August II.) mit der österreichischen Kaisertochter (Erzherzogin Maria Josepha) viele europäische Künstler ersten Ranges versammelt hatten, machte Händel endlich auch in seiner Geburtsstadt Station.

Über den Dresdner Aufenthalt wissen wir nur wenig. Wahrscheinlich traf er hier u. a. seinen Freund Telemann, der ebenfalls von diesem spektakulären künstlerischen Ereignis angezogen worden war, und es gibt eine Nachricht, dass der „Kön. Engl. Capellmeister Händel, welcher von Sr. Königl. Majestät und Sr. Hoheit dem Königl. Prinzen sich hören lassen“[75], 100 Ducaten[76] erhalten habe.

Seine Verhandlungen mit verschiedenen Künstlern scheinen erfolgreich verlaufen zu sein, und er konnte u.a. Margherita Durastanti, die 1709 in Venedig die Agrippina in seiner gleichnamigen Oper gesungen hatte, und den damals berühmtesten Kastraten Senesino (Francesco Bernardi) für London verpflichten. Seine Rückreise führte ihn erneut über Hannover, und von dort erreichte er Ende des Jahres (vermutlich wieder im Gefolge des Königs) London. – Eine Überfahrt im Gefolge des Königs hatte einige Vorteile. Die Fahrt über den Kanal musste von Schiffen der britischen Flotte eskortiert werden. Und so verwundert es nicht, dass eine solche „sichere“ Schiffsreise auch von anderen, dem Hof nahestehenden Personen gern wahrgenommen wurde.

Die erste Saison der Academy wurde am 2. April 1720 mit Giovanni Portas *Numitore* eröffnet. Schon am 27. April folgte dann in Anwesenheit des Königs und des Prinzen von Wales die erste Aufführung von Händels *Radamisto*. Die Oper war ein riesiger Erfolg, der die beherrschende Stellung des ausländischen Komponisten im Musikleben Londons endgültig zu festigen schien.

Doch konnte man von Händel nicht erwarten, dass er die gesamte benötigte Musik für die Academy zu liefern imstande war, zumal er durch seine Dresden-Reise viel Zeit versäumt hatte. Vielleicht hatten die Direktoren auch das Wiener Opernmodell vor Augen (dort arbeiteten drei Komponisten: Johann Joseph Fux, Antonio Caldara und Francesco Bartolomeo Conti) oder wollten einfach Risiken vermeiden, was sie veranlasste, aus Italien weitere Komponisten zu verpflichten. So wurden durch die Academy neben Händel auch Attilio Ariosti und Giovanni Bononcini als musikalische Direktoren engagiert.

Attilio (Malachia) Ariosti war zu seiner Zeit sowohl als Komponist als auch als Musiker und Musiklehrer hoch angesehen; Berühmtheit konnte er jedoch nicht erringen. Händel hatte ihn höchstwahrscheinlich bereits im Jahre 1697 bei seinem Besuch am Berliner Hof kennen gelernt. Giovanni Bononcini war schon in Rom und Wien mit seinen Opernkompositionen erfolgreich, bevor er 1720 nach London kam. Später nahm sein Ansehen empfindlichen Schaden, als man ihm vorwarf, ein Madrigal von Antonio Lotti als sein eigenes Werk ausgegeben zu haben.

Zunächst kam die Mitwirkung der beiden Italiener der Farbigkeit des Opernspielplanes zugute. Auch Bononcini war erfolgreich, wie es sich gleich zu Beginn der zweiten Spielzeit, die am 19. September 1720 mit seiner Oper *Astarto* eröffnet wurde, zeigte. Was aber als künstlerischer Wettstreit zweier in mancher Hinsicht ebenbürtiger Opernkomponisten begann, musste bald durch den Eifer der Anhänger und deren regelrechter Parteienbildung, in die auch die Politik hineinspielte, zur Rivalität und zum Intrigenspiel ausarten, in das schließlich beide Künstler hineingezogen wurden.

Zwar trug Händel endlich mit seiner Beharrlichkeit und nicht zuletzt mit solchen Opern wie *Giulio Cesare*, am 20. Februar 1724 zum ersten Mal aufgeführt, und *Rodelinda*, Uraufführung am 20. Januar 1725, den Sieg davon, was ihm aber umso mehr von Bononcinis Anhängern verübelt wurde.

Zu dieser Gruppe gehörten einflussreiche Kreise des Adels, die in Händel vor allem den früheren Kapellmeister des Königs sahen, gegen den sie opponierten. Zu ihnen

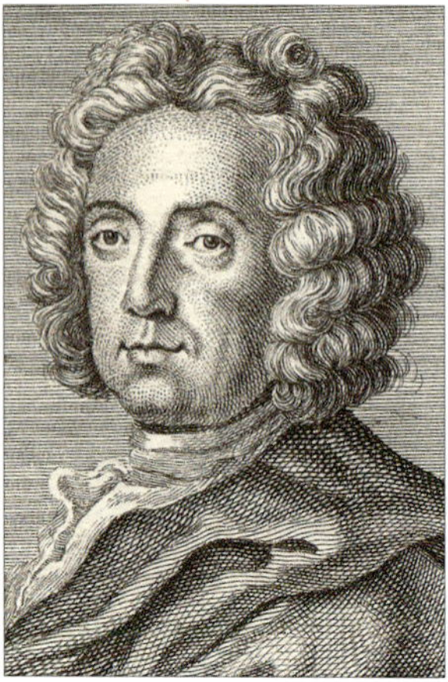

Giovanni Bononcini.
Stich von J. Caldwell[77]

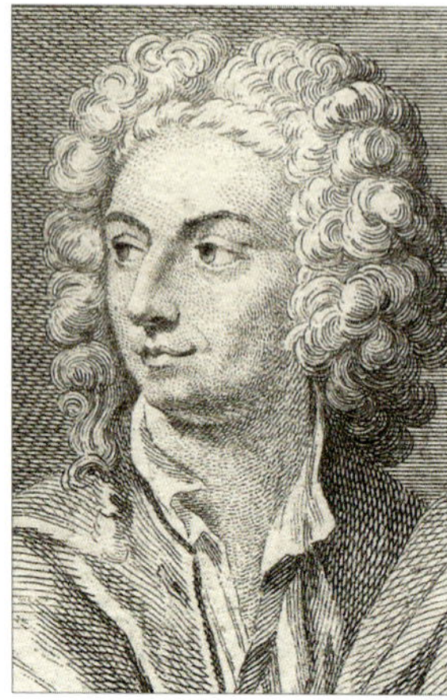

Attilio Ariosti.
Stich von Charles Grignion[78]

zählte zeitweilig auch der Prinz von Wales, der spätere Georg II., ebenfalls aus Opposition gegen den König, seinen Vater. – Bei ihm waren es weniger politische als vielmehr persönliche Gründe, weil der Vater ihn finanziell relativ „kurz hielt". – Hinzu kamen noch Bestrebungen zur Schaffung einer englischen Nationaloper, die sich konsequent gegen die italienische Oper bzw. gegen die in italienischer Sprache gesungene Oper richteten. Darüber hinaus erwuchsen auch noch Schwierigkeiten durch (sogar auf offener Szene ausgetragene) Rivalitäten der engagierten Sänger – insbesondere zwischen Francesca Cuzzoni und Faustina Bordoni – und verschärften Händels ohnehin schon bedrängte Lage. Davon abgesehen hatte die Academy zunehmend auch finanzielle Probleme zu lösen. Und nachdem die *Beggar's Opera* von

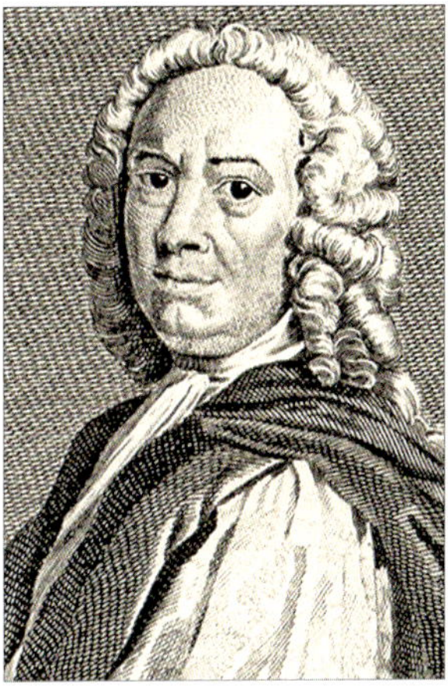

Johann Christoph Pepusch.
Stich von John Hinton nach
Thomas Hudson[79]

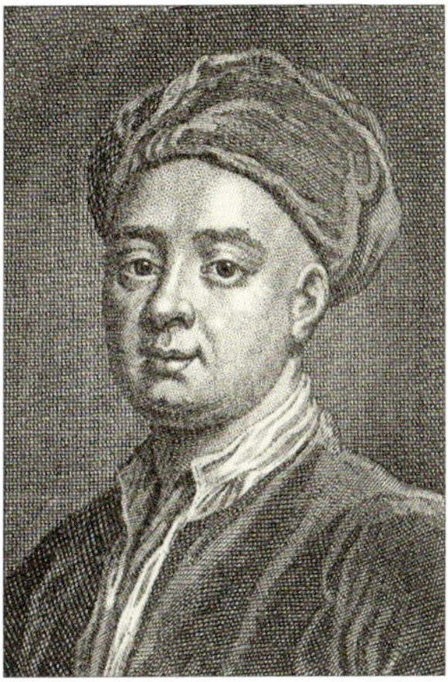

John Gay.
Anonymer Stich nach
William Aikman[80]

John Gay und Johann Christoph Pepusch im Januar 1728 in Lincoln's Inn Fields Theatre ihre erste Aufführung erlebt hatte, waren ihre Tage gezählt. Man hielt die neunte Spielzeit zwar durch, aber sie wurde früher als gewöhnlich (am 1. Juni 1728) beendet.

Die *Beggar's Opera* richtete sich gegen Politiker wie Robert Walpole, aber auch gegen die von Händel vertretene Form der italienischen „opera seria": Die Personen der Handlung sind der Londoner Unterwelt entlehnt. Ihre Dialoge sind dem Sujet entsprechend ungehobelt, die Musik setzt sich aus populären Balladen und Gassenhauern zusammen.

Der in London lebende deutsche Komponist Johann Christoph Pepusch übernahm die Leitung des kleinen Orchesters, schrieb eine Ouvertüre und orchestrierte die

„zusammengestoppelten“ Musikstücke, darunter auch den Marsch aus Händels *Rinaldo*. Der Erfolg der Oper war so groß, dass sie (bis hin zu B. Brechts *Dreigroschenoper*) zahlreiche Nachahmer fand.

Englischer Staatsbürger

Die Zeit der ersten Opernakademie hatte den vollen Einsatz Händels gefordert, doch – für seine künstlerische Entwicklung nicht weniger bedeutend – gab es in dieser Zeit daneben Aktivitäten, Erfolge und äußere Anerkennungen des Künstlers auf dem (schon früher betretenen) Weg zum englischen Staatsbürger und Staatskomponisten. Vermutlich im Zusammenhang mit den musikalischen Unterweisungen der Prinzessin Anna, der ältesten Tochter Georgs II.,[81] erschien am 14. November 1720 bei John Cluer in London die erste Sammlung seiner Cembalo-Suiten. Vorher hatte ihm der König ein Druckprivileg erteilt. Am 25. Februar 1723 dann wurde Händel zum „Composer of Music for his Majesty's Chappel Royal“ ernannt. Noch im gleichen Jahr mietete er ein Haus in der Lower Brook Street (für £ 50 Jahresmiete), das er bis zu seinem Tode bewohnen sollte.

Am 13. Februar 1727 richtete er ein Schreiben an das House of Lords und beantragte seine Naturalisierung als englischer Staatsbürger, die bereits am 20. Februar durch Georg I. bestätigt wurde. – Danach gab es auch keine formalen Gründe mehr gegen einen königlichen Auftrag, die Musik für die Krönungsfeierlichkeiten Georgs II. zu komponieren. Dieser Auftrag erfolgte im September 1727, denn Georg I. war im Juni gestorben.

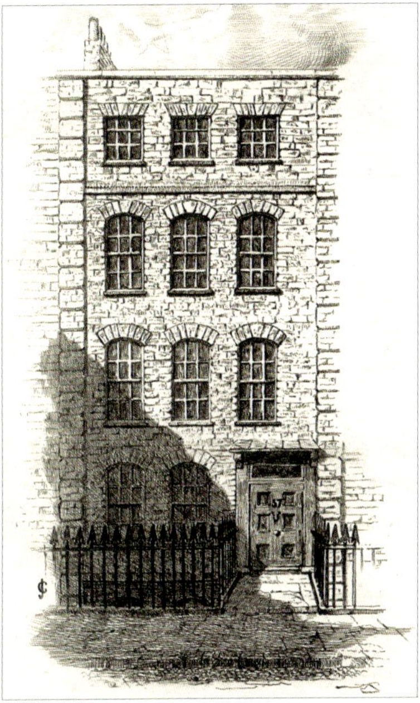

Händels Wohnhaus in London. Holzstich aus Callcott's Handel Album.[82] (Das oberste Geschoss wurde erst im 19. Jahrhundert hinzugefügt.)

Die zweite Academy

Die *Beggar's Opera* zeigte ernstere Folgen und eine längere Wirkung als Händel sie voraussehen konnte bzw. dann wahrhaben wollte. Vor allem schien er von dem Geschmackswandel eines Teils seines Publikums, das zur nationalen geistigen und gesellschaftlichen Oberschicht gehörte, nichts zu bemerken. Er suchte sich einen Verbündeten für seine neuen Opernpläne und fand ihn in John Jacob Heidegger. Beide gründeten nun (sozusagen auf den Trümmern der Königlichen Musikakademie) mit eigenem Kapital eine neue Operngesellschaft. Die materiellen Voraussetzungen schienen auch dadurch gesichert, dass ihnen von der Generalversammlung der Königlichen Musikakademie die noch vorhandenen „Effekten" leihweise zur Verfügung gestellt werden sollten. Doch alle bedeutenden bzw. zugkräftigen Sänger hatten das sinkende Schiff der zusammenbrechenden Akademie (und England) bereits verlassen. Händel musste ein neues Ensemble zusammenstellen und reiste aus diesem Grund am 9. Februar 1729 nach Italien.

Am 4. Februar verließ er London mit Ziel Venedig, wo er 24 Tage nach Abreise eintraf. Danach besuchte er noch Bologna, Rom und eventuell Neapel, um Sänger für seine Opernprojekte zu gewinnen. Anfang Juni kam Händel in Halle an. Hier konnte er bekanntlich letztmalig seine Mutter sehen.[83] Eine Anekdote erzählt, dass ihn dort Wilhelm Friedemann Bach getroffen haben soll, der ihn zu einem Besuch seines Vaters nach Leipzig einlud, was Händel aber (wahrscheinlich aus Zeitgründen) nicht wahrnahm.

Nach wenigen Tagen fuhr er weiter nach Hamburg, wo er Johann Gottfried Riemenschneider, den er bereits aus seiner Zeit in Halle und Hamburg kannte, als Bassisten nach London engagierte, und dann nach Hannover.[84] Am 10. Juli (29. Juni) kehrte er nach London zurück.[85]

Nachdem Francesca Cuzzoni endgültig abgesagt hatte, Faustina Bordoni, die inzwischen mit Johann Adolf Hasse verheiratet und nach Dresden gezogen war, nicht mehr in Frage kam und Senesino nur unter Bedingungen, die für Händel unannehmbar bzw. unbezahlbar waren, nach London zurückkehren wollte, wurden schließlich folgende

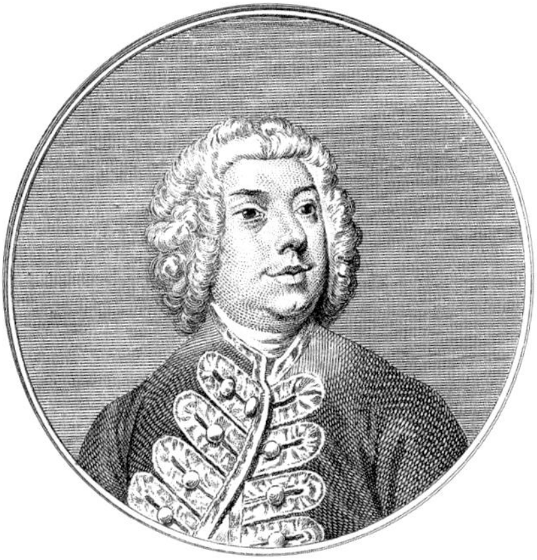

Francesco Bernardi (Senesino). Stich von Charles Grignion nach Thomas Hudson [86]

Sänger engagiert: Antonio Bernacchi (Sopran-Kastrat), ein guter, in Italien anerkannter Sänger, der aber beim Londoner Publikum keine entsprechende Popularität erringen konnte, Francesca Bertolli, die Mängel ihrer Gesangskunst mit ihrer körperlichen Schönheit auszugleichen wusste, Antonia Margherita Merighi (ein tiefer Alt), Anna Strada del Pò (ein wirklicher Ersatz für die Cuzzoni, aber von solch unvorteilhaftem Äußeren, dass sie vom Publikum den Spitznamen „Ferkel" bekam), Annibale Pio Fabri (genannt Balino, Tenor) und dessen Frau sowie Johann Gottfried Riemenschneider (Bass).

Wieder in London widmete Händel sich vordringlich der Vorbereitung der neuen Opernsaison, die am 2. Dezember 1729 mit der Aufführung seiner neuen Oper *Lotario* eröffnet wurde. Diese und die neun folgenden Aufführungen hatten aber keinen durchschlagenden Erfolg. Ähnlich erging es Händel mit seinem nächsten Werk, *Partenope*. Die Spielzeit wurde mit Wiederaufnahmen von *Giulio Cesare* und *Tolomeo* und mit dem Pasticcio *Ormisda* mühsam „über die Runden“ gebracht.

Die Talsohle schien erst überwunden, nachdem mit Hilfe von Francis Colman und Owen McSwiney der Kastrat Senesino zur Rückkehr nach London überredet worden war. Schon in der folgenden Spielzeit sang er die Titelrolle in Händels Oper *Poro*, die mit Begeisterung aufgenommen wurde. Der Uraufführung folgten in wenigen Wochen fünfzehn Wiederholungen, und Wiederaufnahmen von *Rodelinda* und *Rinaldo* brachten den beiden Unternehmern endlich auch den erhofften finanziellen Gewinn.

Händel glaubte sich mit seinen Opernspielplänen bestätigt, auch wenn er das Publikum in der folgenden Spielzeit mit seinen nächsten Werken *Ezio*, Erstaufführung am 15. Januar 1732, und *Sosarme*, 4. Februar 1732, nicht „bei der Stange“ halten konnte. Die gleichzeitige überaus wohlwollende Aufnahme seiner englischen Werke *Esther*, *Acis and Galatea* und etwas später *Deborah* und *Athalia* hätte ihn nachdenklich stimmen müssen. Mit außergewöhnlichen Anstrengungen und seiner Oper *Orlando*, Erstaufführung am 27. Februar 1733, zögerte er das Fiasko noch hinaus.

Opera of the Nobility

Am Ende der vierten Spielzeit der zweiten Academy schien die Lage aussichtslos: Wieder einmal – wie zehn Jahre zuvor – vermischten sich künstlerische Ansichten, Fragen des Geschmacks, persönliche Neigungen mit politischen

Überzeugungen. Die Abneigung von Teilen des englischen Volkes und führender gesellschaftlicher Schichten gegen das Herrscherhaus war im Laufe der Jahre eher größer als geringer geworden. So hatte sich auch gegen den Premierminister Walpole eine starke Opposition formiert. Und diese Mischung von Meinungen begann sich erneut auch gegen Händel als den vermeintlichen Günstling des Königs zu richten, kumuliert durch den Prinzen von Wales, dessen Feindschaft gegenüber dem Vater keine Grenzen mehr kannte. Durch Karikaturen, Pamphlete und Epigramme wurde ein Schlag gegen den „Composer of the Italian Music" vorbereitet, der diesen schließlich wirklich treffen sollte.

Der Prinz scharte bedeutende und einflussreiche Männer um sich, auch solche, die noch kurz zuvor zu Händels Freunden gezählt werden durften, wie beispielsweise Richard Boyle Burlington, und gründete ein Konkurrenzunternehmen, die „Opera of the Nobility" mit Nicola Antonio Porpora als Komponisten und Dirigenten im Theater am Lincoln's Inn Fields. Noch ehe die neue Adelsoper zu spielen begann, trug sie ihren ersten Sieg gegen Händel davon: Mit Ausnahme von Anna Strada, die Händel die Treue hielt, konnte sie alle anderen italienischen Sänger von Rang abwerben.

Händel zeigte sich davon nach außen hin nicht sehr beeindruckt. Ungeachtet der zweifellos überwiegend politisch motivierten Intrigen, der starken Konkurrenz der Adelsoper und der damit verbundenen wirtschaftlichen Schwierigkeiten hinsichtlich seiner Opernunternehmungen blieb er für viele der bewunderte und teilweise vergötterte Schöpfer zu Herzen gehender Musik. Dies galt vor allem auch außerhalb Londons, wo die Brisanz der z. T. intriganten politischen Auseinandersetzungen wie auch die kurzlebigen

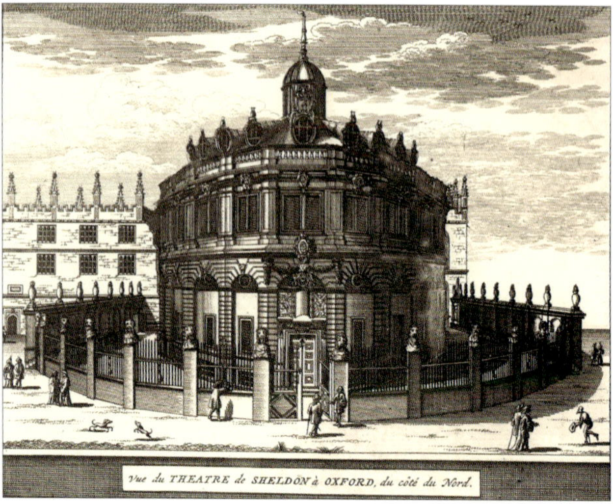

Das Sheldonian Theatre gehört zur Universität Oxford. Hier finden seit 1669 jährlich u.a. die Verleihungen der Ehrendoktorwürden statt, und hier wurde Händels Oratorium „Athalia" am 10. Juli 1733 uraufgeführt. Anonymer Stich.

Stimmungsschwankungen in der Kunstszene nicht so seismographisch wahrgenommen wurden.

Im Juli 1733 erhielt Händel eine Einladung nach Oxford, wo ihm die Ehrendoktorwürde für Musik innerhalb der dort üblichen öffentlichen Zeremonie verliehen werden sollte. Die Veranstaltungen fanden im Sheldonian Theatre statt. Händel nahm die Doktorwürde jedoch nicht an, gab aber mehrere Konzerte, hauptsächlich mit englischen Werken, darunter die Erstaufführung seines neuen Oratoriums *Athalia*. Das Echo war überwiegend positiv, und bald wurde klar, dass sich Händels Gegner verrechnet hatten, wenn sie glaubten, er würde jetzt in Bezug auf seine Opernakademie aufstecken. Im Gegenteil, er brachte es fertig, seine fünfte Opernsaison acht Wochen vor der Adelsoper zu eröffnen. Der Zeitpunkt war zudem günstig gewählt, weil zu des Königs Geburtstag die gesamte Geburtstagsgesellschaft, einschließlich des mit dem Vater verfeindeten Prinzen von Wales, der Vorstellung beiwohnen musste.

Überraschend schnell glückte es, neue italienische Sänger zu verpflichten, u. a. Giovanni Carestini (Kastrat), Maria Caterina Negri (Kontraalt), Carlo Scalzi (Sopran-Kastrat) und Margherita Durastanti, die nun, da sie die Konkurrenz der Bordoni nicht mehr zu fürchten hatte, gern zu Händel zurückkehrte. Dennoch endete die Spielzeit mit einer ökonomisch negativen Bilanz, und Heidegger versuchte wenigstens einen Teil seiner Einlagen zu retten, indem er der Adelsoper, die die Pacht des Haymarket Theatre erworben hatte, auch noch alles Zubehör überließ. Damit war die zweite Akademie endgültig ruiniert. Händel aber gab nicht auf. Er einigte sich mit dem Schauspieler und Impresario John Rich über seine Opernaufführungen im Wechsel mit dessen Schauspielinszenierungen im Theater in Covent Garden. Das dezimierte Ensemble ergänzte er durch englische Künstler, die bald (und das besonders bei den nun häufigeren Oratorienaufführungen) zu Publikumslieblingen werden sollten. Doch der finanzielle Erfolg stellte sich wegen des ständigen Defizits in seiner Opernkasse nicht ein. Da konnte es wenig trösten, dass auch die Adelsoper ein Zuschussunternehmen war. – Händels Privatvermögen hatte indessen zugenommen, denn für die Aufführungen der oratorischen Werke in Oxford soll der Komponist die riesige Summe von £ 2.000 eingenommen haben.

Die Wende blieb weiterhin aus, selbst nachdem es Händel endlich gelungen war, den Prinzen von Wales vor allem mit seinem *Anthem for the Wedding* („Sing unto God") anlässlich der Hochzeit des Prinzen mit Prinzessin Augusta von Sachsen-Gotha (in der Chapel Royal in St. James' Palace am 27. April 1736) endgültig umzustimmen. Der Prinz besuchte zwar Händels Aufführungen im Covent Garden Theatre seit einiger Zeit wieder und zog sich von der Adelsoper zurück, aber der endgültige Niedergang von Händels Unternehmen war nicht mehr aufzuhalten, zumal sich sein Gesundheitszustand zunehmend verschlechterte. Im April 1737 konnte Händel die Aufführungen wegen einer Lähmung seines rechten Armes nicht mehr selbst leiten.

Am 14. Mai 1737 schrieb die *London Evening Post*: „Der geniale Mr. Hendell ist sehr indisponiert, und sein Denken befindet sich in heilloser Verwirrung, zur Zeit kann er seine rechte Hand nicht gebrauchen und wenn er die Gewalt über sie nicht wiedergewinnt, wird das Publikum seiner schönen Kompositionen beraubt sein."[87] Die Spielzeit wurde jedoch noch zu Ende geführt (die Adelsoper musste noch vor Covent Garden schließen). Bei John Mainwaring lesen wir: „Dieser schlechte Ausgang hub anitzo alle musikalische Ergetzlichkeiten in Conventgarten auf, und spielte fast auch mit dem Urheber selbst das Garaus. Die Heftigkeit seiner hierüber bezeigten Entrüstung machten die Wirkung des Unfalls desto schrecklicher. Daß selten ein Unglück allein kommt, ward bey Händel, als ein bewährter Spruch, befunden. Sein Verlust erstreckte sich nicht nur über sein Geld und Gut; sondern auch über seinen Verstand und über seine Gesundheit. Sein rechter Arm war vom Schlage unbrauchbar worden, und wie sehr ihm zu gewissen Stunden, auf lange Zeit, die Sinnen verrückt gewesen, davon sind hundert Beyspiele vorhanden, die sich besser zum Verschweigen, als zum Berichten, schicken."[88]

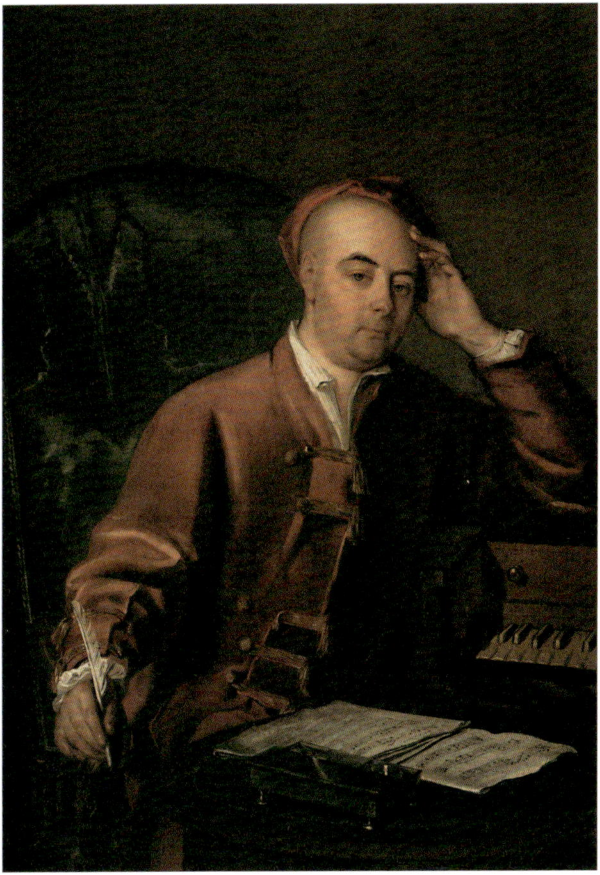

Georg Friedrich Händel (ca. 1735). Ölgemälde von Miss Benson (?) nach Philipp Mercier (Ausschnitt)

Endlich ließ sich der kranke Mann zu einer Kur in Aachen überreden, und er gestaltete sie auf seine Art: In den Schwitzbädern saß er dreimal solange Zeit „als sonst gebräuchlich ist. […] Die Kur, in Erwegung sowol der Art, als Geschwindigkeit, mit welcher sie geschah, wurde von dasigen Nonnen für ein Wunderwerk gehalten.“ [89]

Tatsächlich scheint Händel Mitte November 1737, kaum aus Aachen zurückgekehrt, wieder im Vollbesitz seiner körperlichen und geistigen Kräfte gewesen zu sein. Er ging frisch an die Arbeit und begann die Oper *Faramondo* zu komponieren. Nun, nach dem endgültigen Zusammenbruch der Opera of the Nobility, war Heidegger wieder zu einer Zusammenarbeit mit Händel bereit. Doch vorerst mussten die Theater (und andere Vergnügungsstätten) für sechs Wochen geschlossen bleiben – Königin Caroline war am 20. November verstorben. Händel komponierte die bewegende und musikalisch der mitteldeutschen Tradition sehr verbundene Trauer-Ode (*Funeral Anthem for Queen Caroline*). Er durchlebte und überwand seine akute Erkrankung mit eisernem Willen; seine Trauer über den Verlust einer treuen Freundin verarbeitete er musikalisch.

Gelegenheitswerke

Händel, der geniale Opernkomponist, hatte viele begeisterte Anhänger; Popularität in des Wortes Bedeutung konnte er jedoch mit der Komposition italienischer Opern nicht erringen. Das „Volk“ verfügte in der Regel nicht über die geeignete Bildung, um die italienisch gesungenen Texte bzw. die Handlung mit oft mythologischem Hintergrund zu verstehen. Abgesehen davon, konnten sich überhaupt nur Angehörige des Adels und des vermögenden Bürgertums Opernbesuche finanziell leisten. Letztere fühlten sich aber von der italienischen Oper, die ja eigentlich Ausdruck aristokratischer Kulturpflege war, zunehmend weniger angesprochen.

Nach Händels körperlichem Zusammenbruch im Jahre 1737 gab es nicht wenige Stimmen, die das Ende seiner künstlerischen Karriere voraussagten. Seine Hinwendung zum englischen Oratorium wurde großenteils noch mit Skepsis beobachtet. Doch bald – nach den Aufführungen von *Saul* (September 1738) und *Israel in Egypt* (November 1738) – mehrten sich die begeisterten Stimmen, der Bann war gebrochen.

Diese zunehmende Begeisterung galt nicht zuletzt dem Manne, der in seinen Werken direkt auf bestimmte, die Engländer emotional bewegende politische und militärische Ereignisse Bezug nahm. Dabei stand Händel unmissverständlich auf der Seite der englischen Nation, die seit 1739 in kriegerischen Auseinandersetzungen ihre bürgerlich-demokratischen Errungenschaften gegenüber einer bewaffneten Intervention zu verteidigen hatte.

Die Engländer, die ihre Lage mit der des Volkes Israel verglichen und sich selbst als „auserwählte Nation" empfanden, mussten Händels Werke als besonders aktuell wahrnehmen. Die mit dem österreichischen Erbfolgekrieg in Verbindung stehende Schlacht bei Dettingen (am 27. Juni 1743) veranlasste den Komponisten, das *Te Deum für den Frieden von Dettingen* zu schreiben, das im Rahmen der Siegesfeierlichkeiten in St. James aufgeführt wurde.

Im Zusammenhang mit den Bestrebungen der Stuarts, die englische Krone wiederzuerlangen und den

Katholizismus wieder einzuführen, landete der Kronprätendent Charles (III.) Edward, unterstützt von Ludwig XV. von Frankreich, im Sommer 1745 in Schottland. Hier schloss sich ein Teil des Adels dem Feldzug gegen England an.

Zunächst machte die Rebellion rasch Fortschritte, und bereits im September konnte Charles in Edinburgh Hof halten. Um die Lage wieder zum Guten zu wenden, wurde der kriegserfahrene Herzog von Cumberland, König Georges dritter Sohn Wilhelm August, aus Flandern abgezogen. Dennoch schaffte es Charles, weite Teile Schottlands unter seine Kontrolle zu bringen und die Grenze nach England zu überschreiten. Von London aus zog ihm eine eilig zusammengerufene und kaum auf die Aufgabe vorbereitete Armee von Freiwilligen entgegen. In der jetzt ganz besonders kritischen Situation schrieb Händel für diese „Gentlemen Volunteers" den aufrüttelnden Chor *Stand round my brave Boys*, in dem es heißt: „Lasst die Welt wissen, dass wir frei sein wollen."

Nach dem Sieg über den Kronprätendenten im April 1746 feierte Händel den Herzog von Cumberland mit dem Chor „From Scourging Rebellion", in welchem auch klar auf die Beteiligung Frankreichs an dieser Intervention hingewiesen wird. Ebenfalls in Verbindung mit diesen historischen Ereignissen entstanden das *Gelegenheitsoratorium* und das Oratorium *Judas Maccabäus*. – Das Blutbad, das der Herzog von Cumberland angerichtet hatte (seither „Schlächter von Culloden" genannt), ohne dabei zwischen rebellierenden und loyalen Schotten zu unterscheiden, wurde damals aus britischer Sicht offenbar als gerechtfertigt angesehen. Ob sich Händel diese Sichtweise ebenfalls zu Eigen gemacht hatte, wissen wir nicht. – Mit dem Libretto für *Judas Maccabäus* begann eine fruchtbare Zusammenarbeit mit

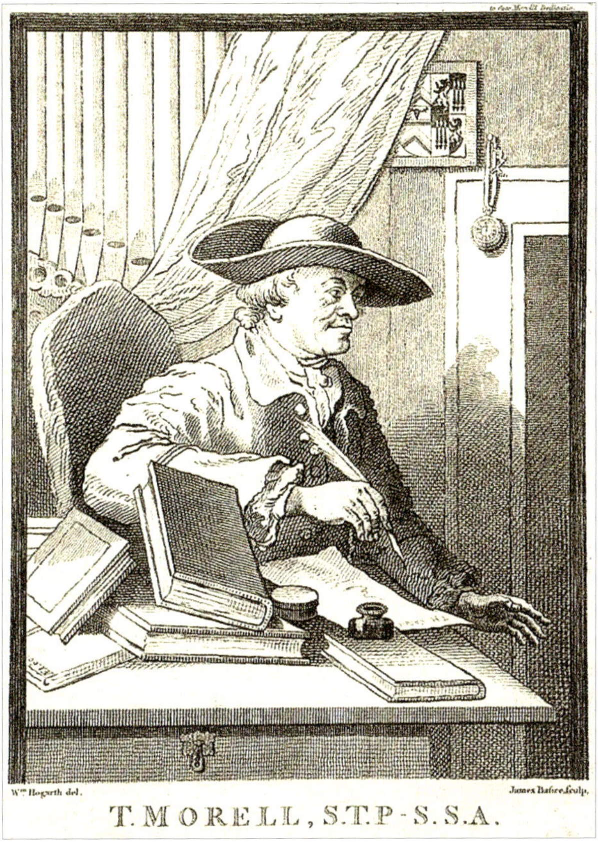

Thomas Morell. Radierung von James Basire nach William Hogarth [90] (Professor of Sacred Theology – Secretary of the Society of Antiquaries)

Thomas Morell. Dieser verfasste danach noch die Libretti für die Oratorien *Alexander Balus*, *Joshua*, *Solomon*, *Theodora*, *Jeptha* und *The Triumph of Time and Truth*.

Mit dem 1748 geschlossenen Friedensvertrag von Aachen wurde das Ende der Intervention gegen Großbritannien besiegelt. Am 22. April 1749 fand in London eine große Friedensfeier statt, zu der Händel die bis heute sehr populäre *Feuerwerksmusik* geschrieben hatte. Allerdings waren vorher einige Probleme zu überwinden. Der König verlangte eine nur von „Militärinstrumenten" (also Blas- und Schlaginstrumenten) dargebotene „kriegerische" Musik, was Händel zunächst ablehnte. Er sah wohl seine Aufgabe darin, eine „Friedensmusik" zu komponieren. Da an den mit Priorität vorangetriebenen Vorbereitungen zu diesem Staatsakt etliche Personen beteiligt waren und es keinen direkten Kontakt zwischen dem König und dem Komponisten gab, ging der Disput einige Male hin und her. Schließlich zeigte sich Händel kompromissbereit, vermerkte aber in seiner Partitur die Stellen, die in den späteren Aufführungen von Streichern ausgeführt werden sollten. (In dieser Weise wird die Suite heute in der Regel interpretiert.) Bei der Friedensfeier sollen hundert Blasinstrumentenspieler mitgewirkt haben.

Der Komponist musste auch in einem weiteren Punkt nachgeben: Der für die Organisation der Veranstaltung verantwortliche Herzog von Montagu wünschte eine öffentliche Generalprobe. Und zwar hatte ihm Jonathan Tyers, der Betreiber der Vauxhall Gardens, angeboten, für den Fall, dass eine Generalprobe der Musik in seinen Gärten durchgeführt würde, die gesamte Illuminationstechnik sowie die dreißig für deren Bedienung notwendigen Diener für die Feier kostenlos zur Verfügung zu stellen.

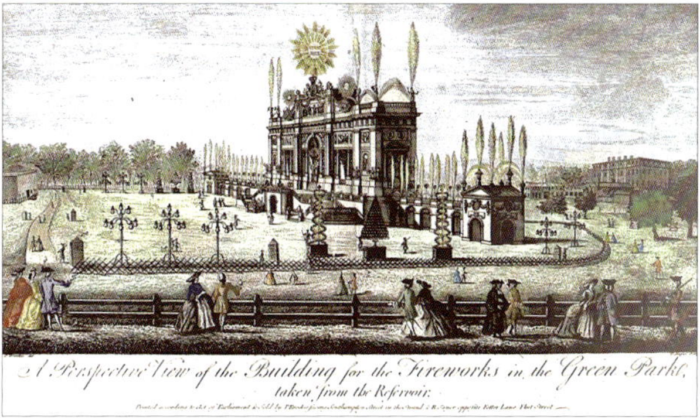

Aufbauten zur Feuerwerksmusik im Green Park in London für die Feier des Aachener Friedens 1749. Radierung von Paul Angier nach P. Brookes

Händel wäre es lieber gewesen, die Musik der Öffentlichkeit erst bei der eigentlichen Feier darzubieten. Schließlich aber wurde sein Erfolg bei der Probe aus mehreren Gründen wesentlich größer als bei der Feier selbst. Die Zahl der Zuhörer der öffentlichen Probe wurde mit 12.000 Personen angegeben. Der Andrang war so groß, dass er den ersten großen Verkehrsstau in London verursachte: Drei Stunden lang kam keine Kutsche mehr über die London Bridge. – Händels Popularität in London hatte ihren Höhepunkt erreicht.

Insgesamt wurde für die Friedensfeier ein riesiger Aufwand betrieben. Für die Errichtung der Festarchitektur hatte man den erfahrenen Bühnengestalter Giovanni Servandoni gewonnen. Noch im November 1748, gleich nach Abschluss des Friedensvertrages, begannen die Arbeiten im Green Park, die sich bis in den April 1749 hinzogen. Man errichtete eine riesige hölzerne Konstruktion von 140 m Länge und über 30 m Höhe, die eine Plattform für das Orchester und die Einrichtungen für das Feuerwerk trugen. Die Gestaltung war palladianesk: Ein großer Triumphbogen in der Mitte wurde von Kolonnaden eingerahmt, alles reich verziert mit Reliefs symbolischen Inhalts und angereichert mit Statuen.

Am Abend gab es dann große Probleme. Vor Beginn der Veranstaltung hatte es schon den ganzen Tag geregnet – entsprechend war die Stimmung des zahlreichen, sich gegenseitig behindernden Publikums auf dem Nullpunkt angekommen. Und dann bekam Händel mit seiner „Friedensmusik" eine echte „besänftigende" Aufgabe, denn zum Ende geriet während des Feuerwerks auch noch ein wesentlicher Teil der Aufbauten in Brand. Für die Konstruktions- und Organisationsmängel machten sich die Zuständigen gegenseitig verantwortlich, was in Streitigkeiten mit gezückten Degen ausartete. (Händel konnte also froh sein, seine Musik zuvor ohne Störungen in Vauxhall Gardens dargeboten zu haben.) – Bald nach dieser Veranstaltung erstellte Händel die mit Streichern besetzte Konzertfassung, die wir heute als *Feuerwerksmusik* kennen. Sie ist wohl das bekannteste Instrumentalwerk Händels.

Die dem Anlass gemäße feierliche, im französischen Stil ausgeführte Ouvertüre ist mit ca. acht Minuten einer der längsten Instrumentalsätze, die Händel geschrieben hat. Der zweite Satz, ein stilisierter französischer Tanz (Bourée), verzichtet ganz auf Blechbläser. Der dritte Satz, „La paix" (Der Frieden), wiegt sich im Rhythmus eines Siciliano. Der vierte Satz ist mit „La Réjouissance" (Die Freude) überschrieben und soll wohl eine Siegesparade im Reitermarsch-Rhythmus darstellen. Am Schluss dürfen die Zuhörer mit zwei Menuetten dem Ball des Adels am königlichen Hofe anlässlich des „Sieges" beiwohnen. – Es war auch ein Sieg Händels, der sich auf dem Höhepunkt seiner Karriere befand.

Mehr als zehn Jahre zuvor war ein ähnlicher Gipfel schon einmal erreicht, aber Händel befand sich damals gleichzeitig in einer schweren gesundheitlichen und unternehmerischen Krise, die er zu überwinden hatte. Seine Opernunternehmungen, insgesamt noch erfolgreich, waren aber in zunehmende Schwierigkeiten geraten. Ob diese oder andere persönliche Erkenntnisse und Erlebnisse seine allmähliche Hinwendung zu den englischsprachigen oratorischen Werken beflügelten oder ob dies vielleicht durch (bei großen Künstlern zu beobachtende) sensitive Vorausahnungen von Zeitströmungen geschah, ist für das Ergebnis unerheblich. Seine Ode *Alexanderfest oder die Macht der Musik* elektrisierte das Publikum, das schon seit einiger Zeit solche englischen Werke in Fortsetzung der nationalen Tradition nach Henry Purcell ersehnte. Dieses Werk ließ Händel in bestimmten intellektuellen Kreisen als „Apollo“, den Gott der Musik, bzw. „Orpheus“ erscheinen, den legendären Sänger und Poeten der griechischen Antike, der selbst wilde Tiere zum Zuhören seines Gesanges zwang und damit befriedete. (Übrigens war schon Purcell von den Engländern als „Orpheus Britannicus“ bezeichnet worden.)

Der Text wurde von Newburgh Hamilton nach einer Ode von John Dryden aus dem Jahre 1697 eingerichtet. Die Uraufführung fand am 19. Februar 1736 statt. In der Ode wird ein Fest anlässlich des Sieges Alexanders des Großen über die Perser im Jahre 330 v. Chr. geschildert. Im Saal unterhält der Sänger Timotheus die Anwesenden mit Gesängen, die unterschiedlichste Affekte auslösen, von Händel meisterlich in Musik umgesetzt. Bald nach der Uraufführung wurde dieses Werk von dem englischen Verleger John

Walsh (in vier verschiedenen Ausgaben) der Öffentlichkeit zugänglich gemacht.

Als Beilage zu der Partitur, aber auch zum separaten Verkauf an Interessenten in Händels Wohnhaus, fertigte der berühmte holländische Kupferstecher Jacobus Houbraken ein Porträt Händels nach einer (heute nicht mehr bekannten) Vorlage an, das weitgehend als realistisch angesehen werden kann: Unter anderem ist hier Händels Hautknötchen auf der linken Wange (in der Graphik wie so oft seitenverkehrt) wiedergegeben.[91]

Im unteren Teil der Graphik befindet sich eine Darstellung der 1. Szene des 1. Aktes der Ode nach Hubert François Gravelot. Schon dort ist Thimotheus auf einem Denkmal-Sockel sitzend dargestellt wie später Händel als Apollo in dem von Louis-François Roubiliac angefertigten marmornen Standbild, das auf Veranlassung von Jonathan Tyers im April 1738 „in einer prächtigen Nische" in Vauxhall Gardens „in Anbetracht des wahren Verdienstes dieses unvergleichlichen Meisters"[92] aufgestellt wurde. Damit war Händel der erste Komponist, dem noch während seines Lebens (im Alter von 53 Jahren) ein Denkmal errichtet wurde.

Die Vorgeschichte weist allerdings Zufälligkeiten auf: Wie sich der Sohn eines Roubiliac-Schülers später erinnerte, habe Jonathan Tyers den bekannten Bildhauer Henry Cheere gefragt, auf welche Weise er Vauxhall Gardens dekorieren könne, worauf dieser ihm geantwortet haben soll: „Ich gehe davon aus, dass Sie Musik haben wollen [...], dann können Sie nichts Besseres tun, als eine Gestaltung von Apollo zu erwerben. Was würden Sie zu einer Statue Händels sagen? [...] Ich habe einen ungewöhnlich geschickten Lehrling [Roubiliac], der jetzt für mich arbeitet, engagieren Sie ihn, und er wird Ihnen eine erlesene Statue anfertigen."[93]

Roubiliac konnte sich über diesen Auftrag, der ihn „über Nacht“ zu einem bekannten und gefragten Künstler machen sollte, glücklich schätzen. Von ihm sind noch weitere Händel-Büsten sowie das große Grab-Denkmal in der Westminster-Abtei überliefert. Der Bildhauer stellt den Komponisten also (wie von Tyers „bestellt“) als Apollo dar, den Gott der Musik, eine Leier spielend, während ein Putto zu seinen Füßen die göttliche Musik niederschreibt. Die Gestalt wirkt völlig entspannt, in Pantoffeln (einer davon baumelt am Fuß) und einem Hausanzug mit einer Nachtkappe auf dem Kopf statt seiner für ihn charakteristischen Perücke. Der Kopf Händels soll nach zeitgenössischem Urteil sehr realitätsnah gestaltet gewesen sein.

Händel indes stand an einem Scheideweg: 1739 bis 1741 setzte er endlich – wie bereits dargestellt – vermehrt oratorische Werke auf das Programm seiner Aufführungen. Vielleicht aber war er sich in dieser Zeit seiner Zukunft in London nicht mehr ganz sicher. Für mehrere Monate reiste er 1740 auf den Kontinent. Wollte er sich vergewissern, ob er hier vielleicht doch noch eine Anstellung z. B. am Berliner Hof suchen sollte? Dafür gibt es aber außer einer nicht bestätigten Bemerkung in einer Zeitungsnotiz keine Belege.[94]

Wo aber und zu welchem Zweck sollte er die ganze Zeit verbracht haben? – Sicherlich hat er bei dieser Gelegenheit auch seine Heimatstadt besucht. Aber im September befand er sich wieder auf halbem Wege nach London. Der Hamburger Relations-Courier berichtet am 27. September: „Harlem, 21. Sept. 1740 / Der weitberühmte Königl. Gros-Britannische Capellmeister Hr. Hendel, hat gestern [...] die in der hiesigen großen Kirche neu erbauete sehr künstliche Orgel besehen [...] auch [...] eine halbe Stunde lang mit

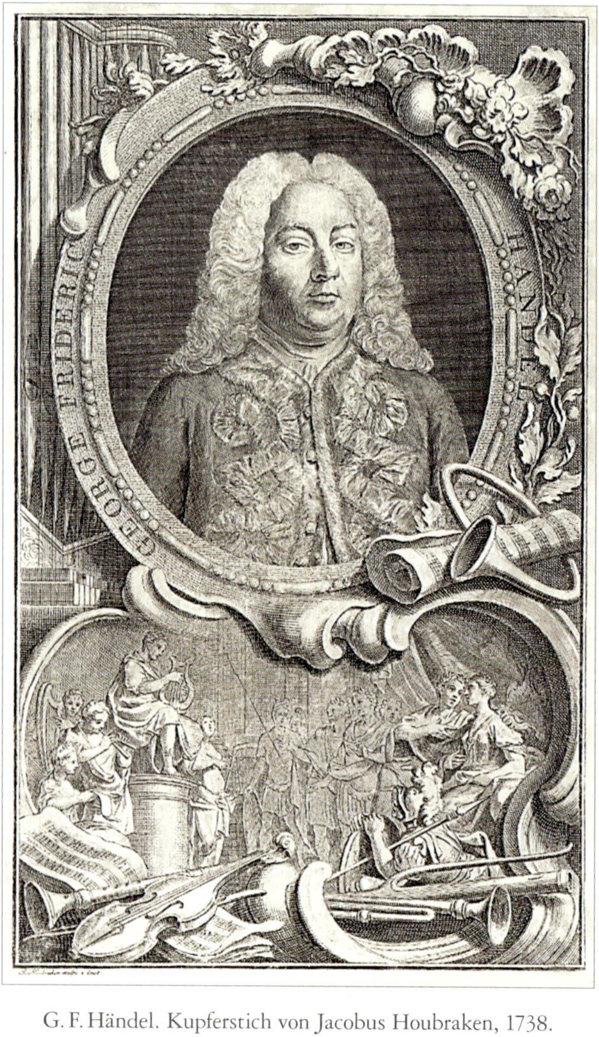

G. F. Händel. Kupferstich von Jacobus Houbraken, 1738.
Im unteren Teil des Bildes ist die 1. Szene des 1. Aktes der Ode „Alexanderfest“ nach Hubert François Gravelot dargestellt.

vieler Kunst und Fertigkeit auf gedachter Orgel gespielet […].“[95] Anfang Oktober nahm Händel wieder seinen „Kampf“ in London auf. Noch zwei Opern sollten entstehen: *Imeneo* und *Deidamia*, doch die Uraufführungen Ende 1740/Anfang 1741 im Theatre Royal, Lincoln's Inn Fields, waren Misserfolge.

Für den Komponisten Partei nehmend, meldete sich u. a. ein Londoner Musikfreund in einer Zeitungszuschrift folgendermaßen zu Wort: Händel „hat mich von meiner Kindheit an bis zum heutigen Tag bezaubert, und da ich so lange sein Schuldner für eine der größten Freuden gewesen bin, deren unsere Natur fähig ist, halte ich es gerade für meine Pflicht, da es Mode geworden ist, ihn zu vernachlässigen, ihn (der mir als Person unbekannt ist) der öffentlichen Liebe und Dankbarkeit dieser großen Stadt zu empfehlen, deren Bewohner mit mir sich so lange an der Harmonie seiner Kompositionen erfreut haben.“[96]

Zunächst hatten solche Aufrufe in London keine nennenswerte Wirkung, aber Händel bereitete eine Konzertreise nach Dublin vor, wohin er von begeisterten Anhängern eingeladen worden war.

Der Messias

In dieser Zeit entwickelte sich Dublin zu einer kultivierten Stadt mit großzügigen (georgianischen) Stadthäusern, in der Regel von gepflegten Gärten eingerahmt. In ihnen wohnte eine wohlhabende, dem Müßiggang und gehobener Unterhaltung zugeneigte Gesellschaftsschicht. Unter solchen günstigen Bedingungen florierten die Künste. Ein ständiges Theater fand genügend Publikum, Konzerte wurden von der „Musical Academy for the practice of Italian Music“ in der Crow Street Musick Hall veranstaltet. Kurz vor Händels Eintreffen eröffneten die Musikverleger John und William Neale eine neue „Great Musick Hall“ in der Fishamble Street.

Das Dubliner Musikleben gedieh auch durch die Mitwirkung vieler bedeutender ausländischer Künstler, wovon sich einige hier niederließen, so der berühmte italienische Violinist Francesco Xaverio Geminiani und sein Schüler Matthew Duburg.

Noch in London entstand innerhalb von etwa drei Wochen Händels neues Oratorium *Der Messias*. Die Idee für das Oratorium war von Charles Jennens ausgegangen, der schon das Libretto für das Oratorium *Saul* geschrieben und wahrscheinlich auch den Text für *Israel in Egypt* aus Bibelworten zusammengestellt hatte. Im Juli 1741 hatte er einem Freund mitgeteilt, dass er Händel dazu bringen wolle, eine weitere Sammlung von Bibelstellen zu vertonen und in der Karwoche aufzuführen.[97] Das Oratorium war schon im September fertiggestellt, seine Erstaufführung erlebte es im April 1742 in der New Music Hall in Dublin.

Im *Dublin Journal* heißt es: „Letzten Dienstag wurde Mr. Händels Geistliches Großes Oratorium, der ‚Messias‘, in der Neuen Musikhalle in der Fishamble Street aufgeführt; die besten Kritiker erklärten es für das vollendetste Werk der Musik. Es fehlen die Worte, das außerordentliche Entzücken auszudrücken, das es bei dem bewundernden großen Publikum hervorbrachte. Das Erhabene, das Großartige und das Zarte, angepasst an die höchsten, majestätischen und bewegendsten Worte, verschworen sich, das hingerissene Herz und Ohr zu entzücken und zu bezaubern. Es bedeutet,

Mr. Händel nur Gerechtigkeit widerfahren zu lassen, dass die Welt wissen sollte, dass er die Einnahmen aus seinen großartigen Aufführungen großzügig zu gleichen Teilen der Gesellschaft zur Unterstützung von Häftlingen, dem Wohlfahrtskrankenhaus und dem Mercers Hospital gab [...]"[98]

Das Oratorium beinhaltet die christliche Heilsgeschichte, beginnend mit alttestamentlichen Prophezeiungen, das Leben von Jesus, der als Erfüllung der Prophezeiungen gesehen wird, seine Geburt, seinen Tod am Kreuz und die Hoffnung auf seine Wiederkehr auf Erden.

Eine Besonderheit dabei ist, dass der Oratorientext trotz der Tatsache, dass das Leben Christi im Neuen Testament der Bibel geschildert wird, überwiegend auf das Alte Testament zurückgreift.

Eine zweite Besonderheit besteht darin, dass im Gegensatz zu Händels anderen Oratorien (mit Ausnahme von *Israel in Ägypten*) keine durchgehende „Handlung" erzählt wird. Das heißt jedoch nicht, dass die Musik der Dramatik entbehrt. Im Gegenteil, denken wir nur an die musikalisch-dramatisch zugespitzte Frage „Why do the nations so furiously rage together?" („Warum rasen die Völker so wütend gegeneinander?") mit der Antwort „The Kings of the earth rise up, and the rulers take counsel together ... Let us break their bonds asunder ... Thou shalt break them with a rod of iron..." („Die Könige der Erde werden mächtig, und die Herren halten Rat miteinander [im Sine von: ‚machen gemeinsame Sache']. Lasst uns ihre Bande zerbrechen [...] Du [Herr, Jesus] sollst sie zerschlagen mit einer Eisenstange"). – Der Messias wird die ungerechten Herrscher besiegen, die Erde befrieden und gerechter machen.

Wie gesagt, trotz solcher Dramatik folgt das Oratorium keiner „Handlung". So schildert es nicht den Leidensweg des zum Menschen gewordenen Sohn Gottes, Jesus Christus (wie etwa in den Passionen J. S. Bachs oder in Händels *Brockes-Passion*), sondern äußert in z. T. kontemplativer Weise die selbstverständliche Erwartung, ja Gewissheit, dass der gerechte, mächtige und siegreiche Herrscher der Welt zurückkehren und seinem Volk die Erlösung bringen wird. (Was übrigens als typisch für den Glauben der anglikanischen Kirche angesehen werden kann.)

Nach London zurückgekehrt, setzte Händel nach einigem Zögern nun seine Bemühungen um das englische Oratorium fort. Der Abschied von der glänzenden Welt der Oper ließ auch einige Verbindungen zur „guten Gesellschaft" abreißen. Händel, nun ein weiser Mann, lebte zurückgezogener, und die öffentlichen Nachrichten flossen zunächst etwas spärlicher. Auf Grund eines Übereinkommens mit dem Theater-Manager John Rich (der übrigens mit den erfolgreichen Aufführungen der *Beggar's Opera* reich geworden war) fanden die Aufführungen von Oratorien jetzt wieder im Covent Garden Theatre statt.

Am 23. März 1743 erlebten endlich auch die Londoner die erste *Messias*-Darbietung. Doch das Oratorium hatte (wohl hauptsächlich wegen des für ein solches Werk vielfach als ungeeignet empfundenen Theaters als Aufführungsort) nicht den gewünschten Erfolg. Die Londoner blieben bis 1750/52 bei ihren Vorbehalten. Dann führte Händel das Oratorium jährlich zum Besten des Londoner Findlingshauses in der dortigen Kapelle auf, wo es umjubelt wurde.

Das von Kapitän Thomas Coram gegründete Foundling Hospital diente der Minderung des Kinderelends in London. Händel schrieb 1749 für diese Einrichtung das *Foundling Hospital Anthem* („Selig sind die, die der Armen gedenken").

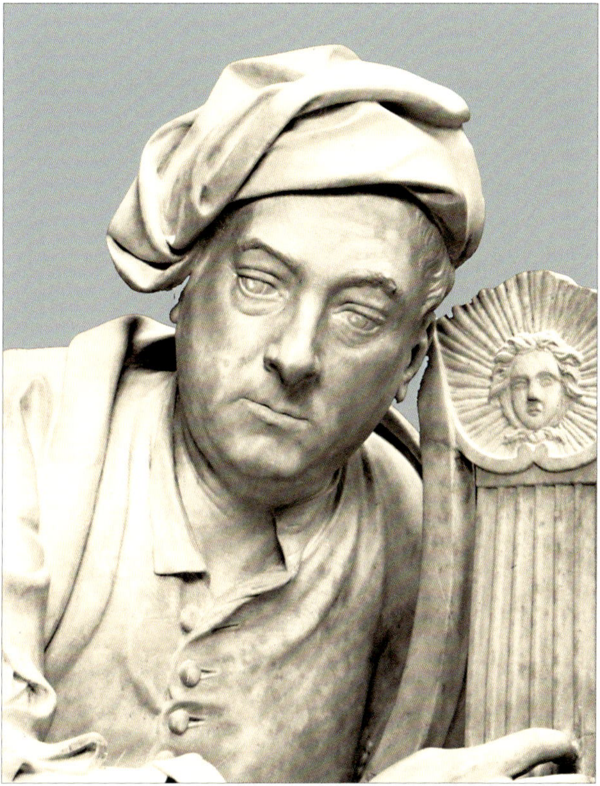

Georg Friedrich Händel im Jahre 1738 in der Darstellung als Apollo von Louis-François Roubiliac (Detail). Foto E. Werner

Außerdem schenkte er diesem Haus eine Orgel und vermachte dem Institut eine Reinschrift der Partitur und das Stimmenmaterial zum *Messias*. Insgesamt ließ er dem Findelhaus etwa £ 11.000 zukommen – nach heutigem Wert weit über eine Million Euro.

Testament

In „Anbetracht der Unbeständigkeit des menschlichen Lebens“ setzte Händel 1750 sein Testament auf. Seit der Erkrankung 1737 hatte es zwischenzeitlich immer wieder gesundheitliche Krisen gegeben, die den alternden Mann wohl veranlassten, jetzt seine Angelegenheiten zu ordnen. Seine Schaffenskraft aber war offensichtlich noch nicht merklich beeinträchtigt. Im Gegenteil, das Jahr 1750 scheint für Händel ein ausgesprochen gutes gewesen zu sein. Der Earl of Shaftesbury berichtete an James Harris: „Ich habe Händel mehrmals gesehen seit ich hierher kam, und ich glaube, dass ich ihn nie vorher so ruhig und wohlauf sah. Er ist ganz entspannt in seinem Benehmen und hat sich selbst durch den Kauf von einigen Bildern, besonders eines großen Rembrandts[99] erfreut, der wirklich ausgezeichnet ist. Wir haben kaum über musikalische Gegenstände gesprochen, obwohl es darüber genug zu sagen gäbe. Seine Aufführungen werden unvergleichlich vorangehen.“ [100]

Sein Oratorium dieses Jahres (*Theodora*) hatte allerdings beim Publikum zunächst keinen Erfolg. Private finanzielle Probleme aber gab es nicht, wie die Legate in seinem Testament vom Juni 1750 beweisen. Zu diesem Zeitpunkt hat er ihm nahestehende Personen insgesamt mit einem Betrag von £ 3.000 bedacht (umgerechnet heute vielleicht das 150-fache in €), und den „ganzen Rest und Rückstand“ seines „Vermögens in Bankanuitäten von 1746 […] solte seine liebe Nichte, Johanna Friderica Flörcken …, geborene Michaelsen aus Halle“ erben.[101] (Es handelte sich zu diesem Zeitpunkt um eine Summe von £ 12.300.) [102]

Einer Zeitungsnotiz kann man entnehmen, dass Händel Anfang August 1750 zu einer Reise nach Deutschland aufgebrochen sei, um seine Freunde (und Verwandte in Halle) zu besuchen.[103] Auf dem Weg dorthin stürzte seine Kutsche allerdings zwischen Den Haag (Hague) und Haarlem um. Bei diesem Unfall wurde er der Nachricht nach ernsthaft verletzt. Dies war wahrscheinlich der Grund für seinen anscheinend mehrwöchigen Aufenthalt in Haarlem und Umgebung.

Ob sich Händel im Jahre 1750 wirklich in Halle aufhielt, wie Friedrich Chrysander im Zusammenhang mit dessen Porträt von Thomas Hudson vermutet, das der Komponist für seine Angehörigen als Geschenk bestimmt hatte, war bisher allerdings nicht zu belegen und bleibt deshalb ungewiss. Eventuell hegte er solche Absichten, wurde aber durch den Kutschen-Unfall bei Haarlem daran gehindert,[104] oder die zuvor geplante Reiseroute musste verändert werden.

Über den Verlauf der Reise wissen wir lediglich von seinen Aufenthalten in Haarlem, Deventer und Hague, wo er für den Prinzen von Oranien und die Prinzessin Anne auf der Orgel spielte: Am 15. August 1750 meldete der Amsterdam Courant für den 11. des Monats: „Der weithin berühmte Händel ist dabei, eine Reise zu verschiedenen Höfen Deutschlands und Italiens zu machen." [105] – Das war vor dem Unfall. – Am 28. August spielte er in Haarlem Orgel[106] wie auch am 8. September in Loo [107] und am 10. September in Deventer.[108]

Für die folgenden zwei Monate verliert sich seine Spur, und erst am 3. Dezember wird die Öffentlichkeit darüber unterrichtet, dass Händel tags zuvor in der Neuen Kirche von Hague an der Orgel gehört und von den Anwesenden gefeiert worden war,[109] und am 8. Dezember wird von seiner Rückreise nach England via Rotterdam berichtet.[110] In der Zwischenzeit hätte er also genügend Zeit gehabt, nach

Deutschland zu reisen. Aber selbst, wenn wir eine solche Annahme für wahrscheinlich halten, wäre damit sein Besuch in Halle weiterhin nicht bewiesen. Abgesehen von diesbezüglichen Spekulationen, muss das genannte Gemälde entweder im Reisegepäck Händels oder als Postsendung wohlbehalten in Halle angekommen sein, denn es verblieb bei Nachkommen von Händels Schwester auch nach deren Wegzug von Halle nach Calbe a. d. Saale, bis es Chrysander 1869 kaufte und nach Hamburg holte.

Anfang des Jahres 1751 finden wir Händel bei guter Gesundheit. Im Februar jedoch unterbrach er die Komposition seines neuen Oratoriums *Jephtha* mit der erschütternden deutschsprachigen Eintragung in das Manuskript: „biß hierher kommen den 13. Febr. ☿ [Zeichen für Mittwoch] 1751 verhindert worden wegen so relaxt des gesichts meines linken Auges [!] den 23 ♄ [Sonnabend] dieses etwas beßer worden wird angegangen“.

Händel ließ sich von Samuel Sharp, Chirurg im Guy's Hospital, behandeln. Eventuell wurde er schon hier das erste Mal operiert. Jedoch verschlimmerte sich sein Augenleiden und schließlich, im November 1752, wurde von William Bromfield eine Operation vorgenommen, die anscheinend zunächst erfolgreich schien, dann aber offenbar Händels Erblindung beschleunigte.[111] Im Januar 1753 meldete eine Londoner Zeitung, dass „Mr. Händel [...] kürzlich unglücklicherweise sein Gesicht ganz verloren“ habe.[112]

Nun verschlechterte sich auch stetig sein allgemeiner Gesundheitszustand. 1758 unternahm er einen weiteren Versuch, sein Sehvermögen wieder zu verbessern, was ebenfalls scheiterte. Diesmal nahm John Taylor die Operation vor. Taylor war Mitte des 18. Jahrhunderts ein europaweit berühmter und geschäftstüchtiger reisender Augenchirurg.

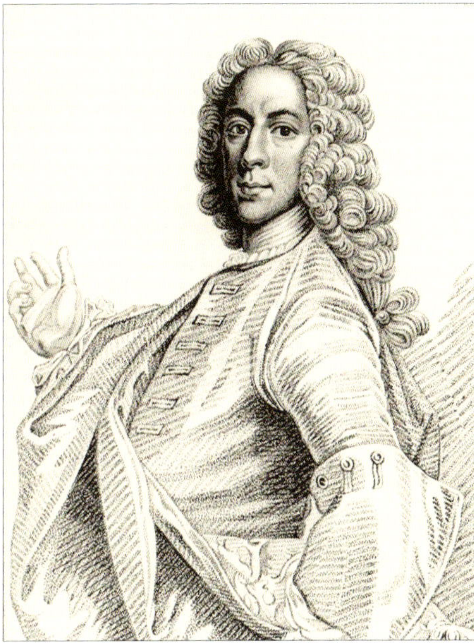

John Taylor. Anonymer Punktierstich nach
Paul Ryche (Ausschnitt)

1750 hatte er bereits J. S. Bach erfolglos behandelt bzw. dessen Leiden verschlimmert (eventuell sogar mit Todesfolge). Seine Eingriffe hatten in der Regel kurzzeitigen Erfolg, und wenn (oft durch Infektionen verursachte) Probleme auftraten, war er bereits Hunderte von Kilometern weit entfernt. – Bei Händel scheint es keine Infektion gegeben zu haben, aber auch nach dieser Operation verbesserte sich seine Sehkraft nicht.

Seinem Testament von 1750 fügte Händel noch vier Nachträge an (einen 1756, zwei 1757 sowie einen 1759). Im letzten (drei Tage vor seinem Tode) äußerte er u. a. die Bitte, in der Westminster-Abtei beigesetzt zu werden, und er bestimmte 600 £ zur Errichtung eines Grabdenkmals.

Am 14. April 1759 starb Georg Friedrich Händel in seinem Londoner Haus. Seine letzte Ruhestätte fand er wie gewünscht in der Westminster-Abtei, wo neben den Königen die hervorragendsten Vertreter von Kunst und Wissenschaft in England begraben liegen.

An der Trauerfeier nahmen über 3000 Menschen teil. Die Feier wurde von den Chören der Westminster Abbey, der St. Paul's Cathedral und der Chapel Royal gestaltet.[113] Händels Nachlassverwalter, Sir George Amyand, kam für die Gebühren des Begräbnisses auf und beglich £ 45 5s. 6d. für den Sarg.[114] – 1761 bezahlte der Bildhauer Roubiliac £ 25, um das von ihm geschaffene Denkmal in der Westminster-Abtei zu errichten, sowie sechs Guineen für die Niederlegung des Grabsteines.

Wie bereits anfangs erwähnt, zeigt Händels Grabplatte das „Wappen" des Wundarztes Georg Händel mit der charakteristischen Darstellung der optischen Prüfung des Inhaltes eines Uringlases. Die Grabplatte enthält auch das Geburtsjahr „1684", weshalb später sein 100. Geburtstag ein Jahr zu früh gefeiert wurde. – Eine Erklärung dafür könnte in den kalendarischen Besonderheiten in England dieser Zeit gesehen werden. Zur Zeit von Händels Geburt galt sowohl in Halle wie in Großbritannien der julianische Kalender. Allerdings begann das neue Jahr in Deutschland am 25. Dezember, in Großbritannien aber erst am 25. März. Am Tage von Händels Geburt, dem 23. Februar 1685, schrieb man in London also noch das Jahr 1684. Das war wohl die Ursache für die Angabe des falschen Geburtsjahres auf der Grabplatte und am Monument.

Georg Friedrich Händel war schon zu seinen Lebzeiten zu Berühmtheit gelangt. So wuchs auch die Zahl der Konzerte, in denen seine Musik ohne seine eigene Beteiligung aufgeführt wurde. Das war eine der Voraussetzungen für eine intensive Händel-Pflege in England nach seinem Tode.

Wer war Händel?

Händel war ein vielseitiger Komponist. Für jeden Musikfreund hat er Wertvolles hinterlassen: bezaubernde Kammermusik, Orchesterwerke, Solokonzerte, über 100 Solokantaten und Duette, teilweise wie Opernszenen anmutend, leider verschollene groß besetzte Kirchenmusik für die lutherische Kirche, für die reformierte Kirche (nicht überliefert), katholische Werke für den Vatikan in Rom und schließlich seine Beiträge zur anglikanischen Kirchenmusik, vor allem aber über 40 Opern, in denen er sich besonders durch seine Charakterisierungskunst und Einfühlungsvermögen in die Figuren auszeichnet, sowie über 30 große Oratorien.

Der erfolgreiche Künstler, der zu seinen Lebzeiten in seiner Wahlheimat England, aber auch darüber hinaus häufig im Mittelpunkt des öffentlichen Interesses stand, provozierte bis heute immer wieder Fragen nach seiner Persönlichkeit, seinem Charakter, seinen Überzeugungen und seinen Lebensumständen. Aber diese werden durch zeitgenössische Quellen kaum beantwortet. Umso mehr kursieren nicht zu beweisende Vermutungen und Gerüchte, besonders häufig über seine sexuelle Orientierung, dadurch hervorgerufen, dass er nicht verheiratet war und Nachrichten über sein „Liebesleben“ äußerst rar oder gar nicht vorhanden sind.

Bekannt ist, dass ihm in Italien einige Kardinäle den Hof machten. Lag der Grund dafür in seiner gerade in dieser Zeit wegen ihrer Neuheit und jugendlichen Frische überirdisch anmutenden Musik oder auch in seiner äußerst attraktiven und einnehmenden Erscheinung? Wir wissen es nicht. Ihn auf der Grundlage des überlieferten Materials als „schwul" zu bezeichnen, wie es immer wieder geschieht, ist reine Spekulation; denn selbst wenn es sich bei den Bewunderern um homophile Neigungen gehandelt haben sollte, gibt es keinerlei Anzeichen dafür, dass Händel darauf positiv reagiert habe. Es ist kaum anzunehmen, dass eventuelle „Verhältnisse" – zumal, wenn es sich um homosexuelle Beziehungen gehandelt hätte – bei der zahlreichen Dienerschaft völlig geheim geblieben wären und nicht wenigstens in Andeutungen von den Zeitgenossen Erwähnung gefunden hätten. Erst recht gilt dies für das skandal- und klatschhungrige London seiner Zeit. Anscheinend hat es, abgesehen von der einen bereits zitierten Nachricht, er sei „der Geliebte der Victoria" gewesen, nie Anlass für Skandalgeschichtchen über sein privates Leben gegeben. Nur seine Ess- und Trinklust scheint zunehmend Gesprächsstoff geboten zu haben.

Obwohl Händel zumindest in seinen späteren Jahren ein sehr wohlhabender Mann war, lebte er in Bescheidenheit. Das gemietete Londoner Haus in der Brook Street bot nur wenig Platz, wovon man sich heute bei einem Besuch des dort beheimateten Museums überzeugen kann.[115]

Über seine tiefe Krise von 1737, die sich seit längerem angekündigt hatte, erfahren wir nichts von Händel selbst. Er hat sich konsequent nur über seine Kunst an die Öffentlichkeit gewandt. Ebenso fehlen verlässliche Quellen über seine Religiosität, seine Überzeugungen, sein Weltbild; sie lassen sich nur vage aus seinem Werk und seinem Handeln herauslesen. Auch die relativ geringe Anzahl erhaltener Briefe verrät in dieser Hinsicht kaum etwas.

Nur wenige seiner „Aussprüche“ sind indirekt überliefert, so z. B. seine oft zitierte Antwort auf das „Kompliment“ von Lord Kinnoul anlässlich einer *Messias*-Aufführung, das Werk sei eine „erhabene Unterhaltung“ gewesen, worauf Händel gesagt haben soll: „My Lord, es täte mir leid, wenn ich Sie nur unterhalten hätte, ich wünschte Sie besser zu machen.“ [116]

Interpretieren wir seine Werke aus diesem Blickwinkel, wird klar, dass sich Händel nicht nur die Menschen, sondern auch die gesellschaftlichen Verhältnisse „besser“ wünschte. Aber er war kein Gesellschaftskritiker im landläufigen Sinne, sondern eher ein positiver Utopist, der an „das Gute“ glaubte. Sein eigenes praktisches Handeln zeigt, dass er sich zumindest im „wohltätigen“ Sinne persönlich sehr engagierte – wie u. a. auch sein Zeitgenosse und Freund William Hogarth (1697 – 1764). Der allerdings war von einem anderen Zuschnitt, war er doch mit seiner offen gesellschaftskritischen Haltung der führende Kopf der britischen Kunstwelt in der ersten Hälfte des 18. Jahrhunderts. In Bildzyklen hält er seinen Zeitgenossen einen Spiegel vor, indem er Szenen aus dem damaligen Londoner Leben und vor allem Charakteristika und Verhaltensweisen von Menschen zeigt: die Übel und Gefahren der Großstadt, die Verlockungen des leichten Lebens und der Wollust, die Gefahren der Eitelkeit und des Hochmuts (sowie weitere, bis heute nicht aus der Mode gekommene Laster).

Händel war von seiner Kunst besessen. Sein Arbeitspensum und die Quantität seines künstlerischen Schaffens sind für heutige Begriffe unfassbar. Er war ein fleißiger und dazu offensichtlich ein frommer Mann, der wohl wusste (und teilweise gezielt dafür sorgte), dass sein Werk seine Lebenszeit überdauern würde und der sicherlich auch aus diesem Grund Wert auf seinen „Ruf“ legte: Es sollte nur nach außen dringen, was sein Schaffen betraf. – Und selbst beim heutigen fortgeschrittenen Forschungsstand müssen wir akzeptieren, dass wir uns dem Menschen Händel nur über seine Musik wirklich zu nähern vermögen.

John Hawkins' *A General History* [...] *of Music* enthält u. a. eine biographische Skizze und weitere Bemerkungen über Händel[117], dessen Wirken (und Wirkung) in London er etwa 40 Jahre beobachtet hatte. So überliefert er auch persönliche Eindrücke und Urteile wie z. B. über Händels Sprachverständnis. Dazu führt er aus: Händel kannte „die lateinischen und italienischen Sprachen gut; letztere waren ihm so vertraut geworden, dass sie nur wenige Einheimische besser zu verstehen schienen. Auch vom Englischen hatte er ein solches Maß an Wissen, dass er für die Schönheiten unserer besten Dichter empfänglich war, so dass er in der Mannigfaltigkeit seiner Kompositionen zu englischen Texten sehr selten Hilfe bei der Erklärung einer Passage brauchte, um den Sinn mit korrespondierenden Klängen zu begleiten. Der Stil seiner Rede war sehr einzigartig; er sprach das Englische mit deutschem Akzent, aber seine Ausdrucksweise war exotisch und enthielt Idiome der verschiedenen Länder, in denen er gelebt hatte, ein Umstand, der sein Gespräch außerordentlich unterhaltsam machte.“[118]

Über Händels Orgelspiel schrieb er: „Was seine Aufführung an der Orgel betrifft, ist die Ausdruckskraft der Worte so begrenzt, dass es fast ein vergeblicher Versuch ist, sie anders als durch ihre Wirkungen zu beschreiben. Eine feine und zarte Berührung, fliegende Finger und schnelle Passagen der schwierigsten Art sind das Lob von unterlegenen

Künstlern: Sie bemerkten bei Händel nicht dessen Vorzüge von einer weit überlegeneren Art und sein erstaunliches Beherrschen des Instruments, die Fülle seiner Harmonie, die Erhabenheit und Würde seines Stils, die Fülle seiner Vorstellungskraft und die Fruchtbarkeit seiner Erfindung waren Qualitäten, die jede minderwertige Unterhaltung übertrafen."[119]

Selbst über Händels Äußeres sind nur einige wenige Beschreibungen von Zeitgenossen überliefert. Der bereits häufiger zitierte Johann Mattheson, Zeitgenosse und Freund Händels aus der Hamburger Zeit, schildert ihn in Erinnerung an das Duell am 5. Dezember 1704 als „groß, stark, breit und kräftig".[120] Dies darf für diesen Zeitpunkt aber bezweifelt werden und klingt ein wenig wie Rechtfertigung für das Duell mit dem jüngeren Kollegen.

Der bereits zitierte John Hawkins beschreibt den älteren Händel folgendermaßen: „Er war eine große und sehr füllige Person. Sein Gang, der immer etwas schlendernd erschien, war ziemlich ungelenk und hatte etwas von einer schlingernden Bewegung, wie sie von O-Beinen hervorgerufen wird. Seine Gesichtszüge schließlich waren fein gezeichnet und der allgemeine Ausdruck seines Antlitzes gelassen, Würde, gemischt mit Güte zeigend."[121]

Charles Burney, der in seiner Jugend noch in Händels Orchester gespielt hatte (etwa 1744–1746), äußert sich in der Lebensbeschreibung von 1784 wie folgt: „Händels Figur war groß, und er war etwas untersetzig, stämmig und unbehülflich in seinem Anstande; sein Gesicht aber, dessen ich mich noch so lebhaft erinnere, als ob ich ihn gestern gesehen hätte, war voller Feuer und Würde und verriet Geistesgröße und Genie [...]. Händels gewöhnliche Miene war etwas finster und sauersehend, wenn er aber einmal lächelte, so war es wie die Sonne, die aus einer schwarzen Wolke hervorbricht. Aus seinen Zügen strahlten dann auf einmal Verstand, Witz und gute Laune mit einer Stärke hervor, die ich nicht leicht bei sonst jemand bemerkt habe.“ [122]

William Coxe, ein anderer Händel-Biograph, der noch als Knabe den alten Komponisten kennengelernt hatte, beschreibt ihn folgendermaßen: „Er war groß von Gestalt, und er besaß eine natürliche Korpulenz, welche sich mit zunehmendem Alter vermehrte [...]. Sein Benehmen jedoch war offen, männlich und liebenswürdig, Ausdruck all der Größe und Güte, welche die hervorstechendsten Züge seines Charakters bildeten.“ [123]

Abgesehen von diesen für den älteren Händel typischen, aber natürlich völlig unzureichenden Beschreibungen, haben wir es bei ihm mit einem besonderen Phänomen zu tun: Er ist zweifellos die am häufigsten porträtierte Künstlerpersönlichkeit vor Einführung der Fotografie. Der Großteil der etwa zwanzig als echt überlieferten Porträts (von etwa 1710 an bis zu seinem Tod) sind als „realistische“ Darstellungen anzusehen – Repliken, Kopien und Varianten nicht mitgerechnet. Manche dieser Porträts können bei genauerer Betrachtung unser „Bild“ über die Persönlichkeit des Künstlers erweitern und bereichern.[124]

Commemoration

Bereits ein Jahr nach Händels Tod erschien 1760 die erste Händel-Biographie, verfasst von dem jungen Theologen John Mainwaring.[125] Sie war gleichzeitig die erste gedruckte monographische Biographie überhaupt, die einem Musiker

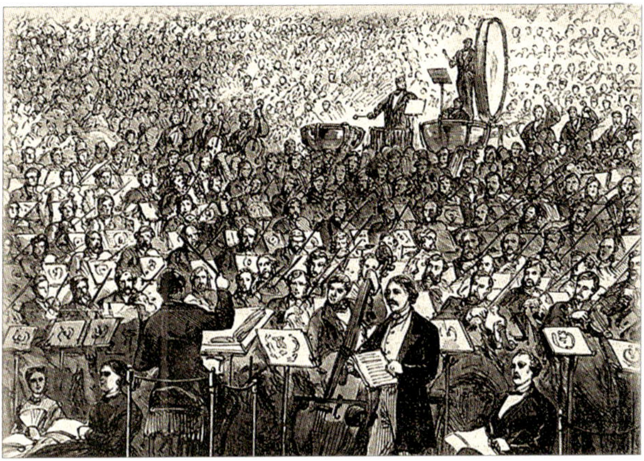

Tausende von Mitwirkenden beim Händel-Fest 1865 im Londoner Crystal Palace (Holzstich aus *Illustrated London News*, 9. Juli 1865) – Für solche Aufführungen wurden eigens extragroße Musikinstrumente konstruiert, hier z. B. die 3 m hohe sogenannte „Monster-Pauke" (oder „Monster Gong drum") von Henry Distin.

gewidmet war. Der Autor hatte seine Informationen höchstwahrscheinlich hauptsächlich von Händels Freund und Sekretär John Christopher Smith bekommen. Ein Jahr später hielten die deutschen Leser eine gedruckte Übersetzung von Johann Mattheson in den Händen, der dem originalen Text z. T. ausführliche (nicht immer ganz zutreffende) Kommentare beifügte.

1784 erreichte die Verehrung Händels ihren ersten großen Höhepunkt in den ein Jahr zu früh angesetzten Feierlichkeiten zu seinem 100. Geburtstag. Mit einem für damalige Verhältnisse riesigen Aufgebot an Sängern und Instrumentalisten wurden einige seiner Werke in der Westminster-Abtei aufgeführt. Darüber sind wir durch einen

Bericht von Charles Burney informiert (der ebenfalls eine kleine Biographie enthält).[126] Einer der Initiatoren war Joah Bates, der sich vor allem als Dirigent der Aufführungen im Rahmen der Händel-Ehrungen bekannt machte. Schon 1766 hatte er große *Messias*-Aufführungen (in Halifax) geleitet. Solche und andere Konzerte mit „alter" Musik führten 1776 zur Gründung des „Konzertes alter Musik" (The Concert of Ancient Music) mit dem erklärten Ziel, nicht nur (wie damals üblich) neue, zeitgenössische Musik aufzuführen, sondern sich auch verstärkt dem musikalischen Erbe zuzuwenden. Große Händel-Feste wurden in England und besonders in London nach 1784 zur Tradition, wobei die Zahl der Mitwirkenden in den Jahren 1857 – 1926 auf mehrere Tausend anwuchs.

Bald nach dem Tod Händels setzte die Pflege seiner Musik auch auf dem Kontinent in verschiedenen Zentren gleichzeitig und wahrscheinlich voneinander mehr oder weniger unabhängig ein. Die ersten uns bekannten Aufführungen außerhalb Englands fanden u. a. in Berlin (1766 *Alexanderfest*), Florenz (1768 *Alexanderfest*, 1772 *Acis und Galatea*), Wien und Hamburg (1771 – 1772 *Alexanderfest*) sowie in Braunschweig (1771 – 1772 *Judas Maccabäus*) statt.

Diese Aufzählung zeigt deutlich die Konzentration auf nur wenige Werke, was sicherlich auch mit der Verfügbarkeit von Aufführungsmaterial, bestimmt jedoch damit zusammenhängt, dass diese Werke auch unter den Bedingungen des inzwischen vollzogenen Stil- und Geschmackswandels in der Musik für Musiker und Publikum von besonderem Interesse waren. Für die Pflege Händel'scher Musik waren das wichtige Voraussetzungen, ebenso zahlreiche Notenausgaben, besonders die Bemühungen um Gesamtausgaben. Die erste erschien bereits zwischen 1787

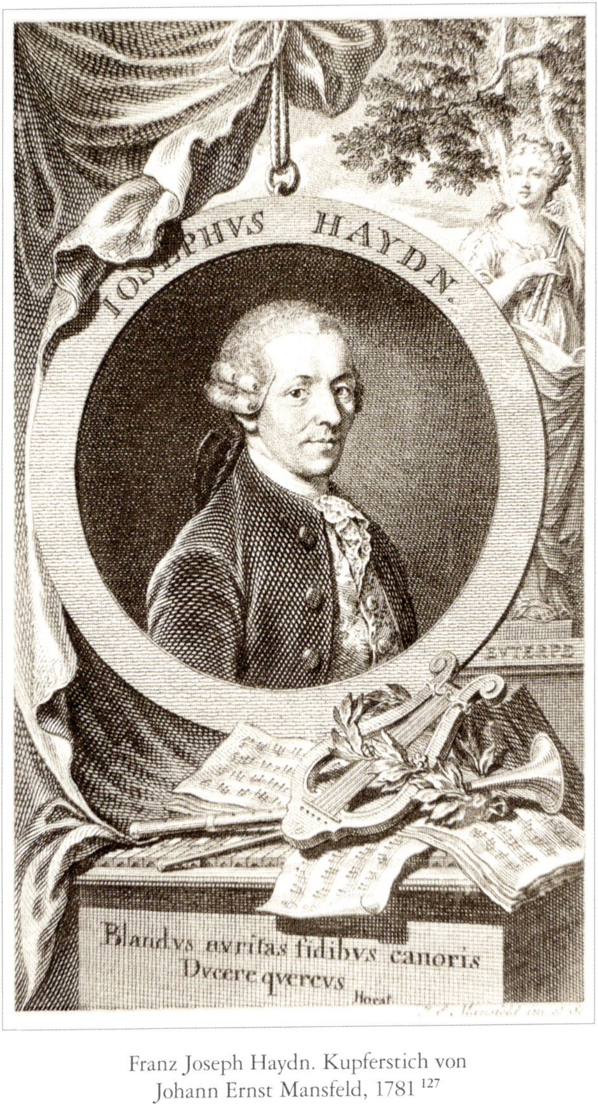

Franz Joseph Haydn. Kupferstich von
Johann Ernst Mansfeld, 1781 [127]

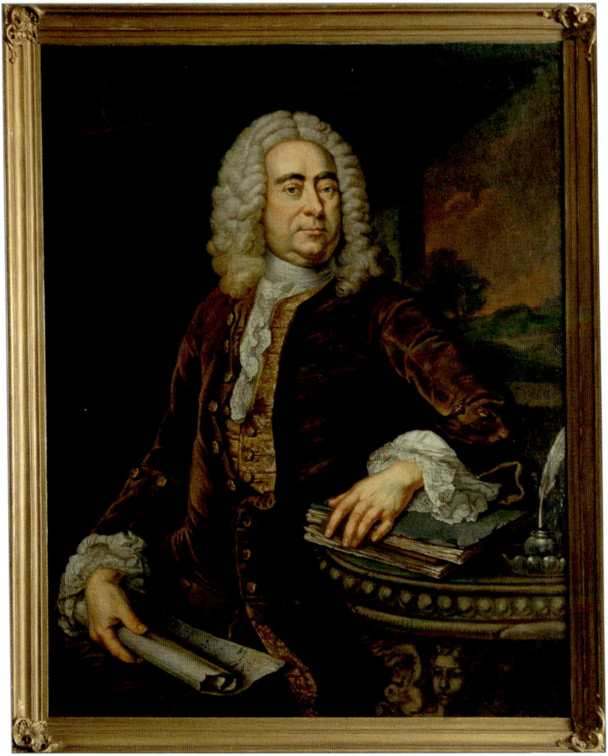

Georg Friedrich Händel. Anonymes Ölgemälde,
2. Hälfte 18. Jahrhundert

und 1797, herausgegeben in London von Samuel Arnold (1740–1802), Organist und Komponist der königlichen Kapelle, seit 1789 Direktor der Academy of Ancient Music und seit 1793 Organist der Westminster-Abtei.

Eine ganz besondere Rolle in der Geschichte der Aufführungen Händel'scher Werke spielte das Oratorium *Der*

Messias. Ende des 18. Jahrhunderts sind uns *Messias*-Aufführungen u. a. in Hamburg, Mannheim, Schwerin, Weimar, Berlin, Leipzig, Breslau und Wien bekannt.

Viele der begeisterten Händel-Anhänger des ausgehenden 18. und des 19. Jahrhunderts, darunter Wolfgang Amadeus Mozart, Felix Mendelssohn Bartholdy und Robert Franz, waren sich darin einig, ihre Aufgabe nicht in der Wiederherstellung der originalen Aufführungspraxis zu sehen, sondern in der weitgehenden Anpassung der „alten Werke" an den eigenen Zeitgeschmack. – Ein Beispiel für eine andere Herangehensweise bietet Joseph Haydn. Er selbst bearbeitete keine Händel-Werke, und in seinen eigenen Kompositionen vermied er direkte Übernahmen daraus, aber zumindest in seinen späten Vokalwerken ist dessen Einfluss dennoch deutlich spürbar. Dies zeigt sich, abgesehen von einer unüberhörbaren Seelenverwandtschaft, einerseits strukturell, andererseits aber auch klanglich.

Chrysander-Ausgabe

Im Jahre 1856 wurde auf Initiative von Georg Gottfried Gervinus die Deutsche Händel-Gesellschaft zur Herausgabe der Werke Händels ins Leben gerufen. Die ersten 18 Bände erschienen bei Breitkopf & Härtel (seit 1858), die folgenden mehr als 75 Partituren wurden mit nur wenigen technischen Helfern in Friedrich Chrysanders eigener Werkstatt hergestellt. Diese großartige Leistung, verbunden mit grundlegenden Forschungen, die in seine (allerdings unvollendete) Händel-Biographie mündeten, und zahlreiche Initiativen zur Aufführungen von Händel-Werken ließen

Chrysander zur wichtigsten Gestalt der Händel-Renaissance in der zweiten Hälfte des 19. Jahrhunderts werden. Trotz einiger Irrtümer und Kompromisse – letztere zeigten sich vor allem in seinen Händel-Bearbeitungen – setzte er sich in seiner Gesamtausgabe hauptsächlich dafür ein, seinen Zeitgenossen den „originalen" Händel zu vermitteln.

Das Händel-Denkmal in Halle

Im halleschen Musikleben begegnen uns seit Anfang des 19. Jahrhunderts regelmäßig Aufführungen Händel'scher Werke, vornehmlich Oratorien oder Ausschnitte daraus. Den Anfang machte (höchstwahrscheinlich) Daniel Gottlob Türk 1803, 1804 und 1805 mit *Messias*-Aufführungen in der Fassung von W. A. Mozart, und seit 1814 widmete sich die „unter der Leitung des Herrn Prof. Maaß und des Herrn Naue seit einiger Zeit gebildete, höchst achtenswerthe Singakademie" den „Compositionen des großen Händel, der einst Britanniens Stolz war, und, als ein gebohrner Hallenser, unser Stolz ist"[128]. Schon in einigen dieser frühen Jahre kamen sogar mehrere Werke zur Aufführung wie 1820 *Saul* und *Solomon*, 1836 *Messias*, *Judas Maccabaeus* und *Saul* oder 1838 *Dettingen Te Deum*, *Alexanderfest* und *Israel in Ägypten*.

Aufwendige Feierlichkeiten gab es anlässlich des 100. Todestages Händels 1859, deren Höhepunkt die Enthüllung des Händel-Denkmals auf dem halleschen Marktplatz war. Bei den Feierlichkeiten stand die Aufführung der Oratorien *Jephtha*, *Samson* und *Messias* durch die Singakademie im Mittelpunkt.

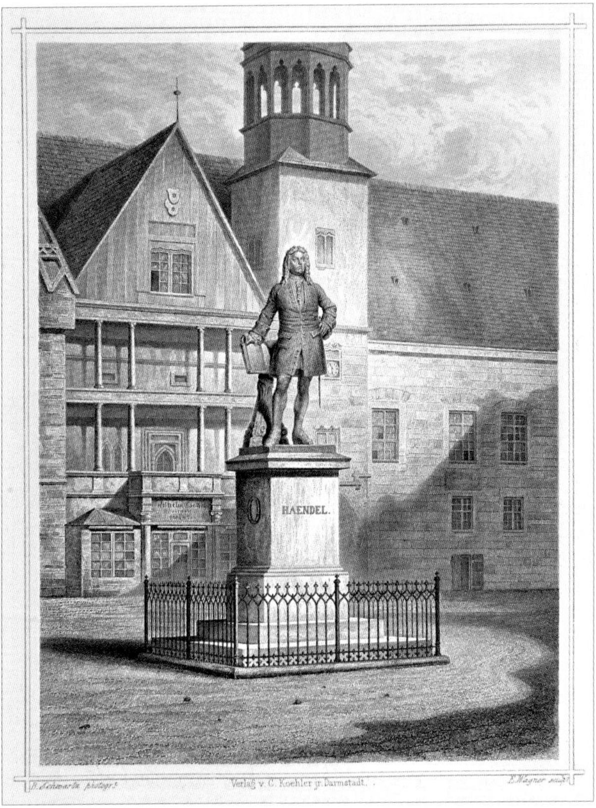

Das Händel-Denkmal auf dem halleschen Marktplatz. Stahlstich von E. Wagner nach einer Photographie von B. Schwartz

Auf Initiative Ludwig Wucherers hatte sich 1855 ein Komitee zur Vorbereitung der würdigen Feier des 100. Todestages Georg Friedrich Händels in Halle zusammengefunden. Von dem ursprünglichen Plan, bis 1859 in seiner Geburtsstadt ihm zu Ehren eine Tonhalle zu erbauen, geschmückt mit seiner Büste, musste aus finanziellen Gründen bald Abstand genommen werden. Dafür fand der Aufruf zur Errichtung eines Händel-Denkmals in Halle schließlich sowohl bei der halleschen Bevölkerung als auch bei Händel- und Kunstfreunden Deutschlands und Englands breite Unterstützung. In England wurde unter dem Patronat der Königin eigens ein Komitee zur Unterstützung der Initiative gegründet.

Am 14. April 1859 (Händels Todestag) sollte das Denkmal enthüllt werden. Diese Feier musste jedoch wegen einer Erkrankung seines Schöpfers, des Berliner Bildhauers Hermann Rudolf Heidel, auf den 1. Juli verschoben werden.

Händel-Aufführungen gehörten jetzt zu den jährlichen Höhepunkten des halleschen Musiklebens. Das nächste größere Ereignis war der 200. Geburtstag Händels im Jahre 1885, zu dem u. a. wieder der *Messias* sowie in zwei Aufführungen der Neuen Singakademie *Herakles* erklangen.

Händel-Opernfestspiele in Göttingen

Seit 1787 waren lediglich drei Opern Händels auf eine Theaterbühne gelangt (in London und Hamburg); allgemein hatte man die barocke Oper schlichtweg für nicht aufführbar gehalten. Aber in Halle lehrte seit 1902 der junge Musikwissenschaftler Hermann Abert, der sich schon bald für die Musik Händels begeisterte. Er stieß auf den großen noch zu hebenden Schatz von vierzig durch Friedrich Chrysander bereits veröffentlichten Händel-Opern, und er vermochte es, seine Begeisterung auf seine Studenten zu übertragen: So hatte auch der hallesche Student der Kunstwissenschaften Oskar Hagen im Jahre 1913 solche Vorlesungen Aberts gehört und überzeugte seinen ehemaligen halleschen Lehrer Paul Thiersch und einige Kollegen seiner neuen Wirkungsstätte, der Göttinger Universität, sich an dem Experiment einer Händel-Opern-Aufführung zu beteiligen.

Der Versuch gelang 1920. Am 26. Juni führte Oskar Hagen mit Unterstützung des Göttinger Universitätsbundes Händels Oper *Rodelinda* auf. Von 1921 an wurden bis heute, mit wenigen Unterbrechungen, jährlich Händel-Festspiele veranstaltet. 1924 formierte sich in Göttingen zu diesem Zweck eine „Händel-Festspiel-Gemeinde", aus der 1931 die Göttinger Händel-Gesellschaft e.V. hervorging.

Festspiele in Halle

Das Experiment von 1920 fand bereits zwei Jahre später Nachahmung innerhalb des Hallischen Händelfestes 1922, mit dem die Serie der modernen Händel-Feste in Halle begann. Neben einer Opernaufführung im Stadttheater (*Orlando furioso*) konnten die Besucher dieser Festspiele zwei Oratorien (*Semele* im Stadttheater und *Susanna* im Dom), ein Orchesterkonzert, ein Kammerkonzert sowie ein Kirchenkonzert erleben. Aber auch eine „Begrüßung der Gäste", die Eröffnung einer Händel-Ausstellung, ein Festlicher Gottesdienst in der Marktkirche, ein Festvortrag, ein „Gemeinsames Mahl im Stadt-Schützenhaus" und ein „Geselliges Zusammensein der Festteilnehmer im Zoologischen

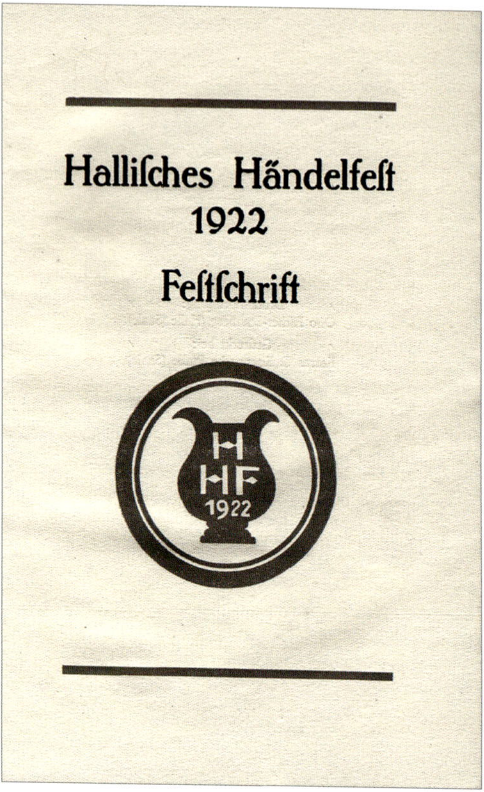

Hallisches Händelfest
1922

Festschrift

Festschrift 1922. Titelblatt

Garten“ gehörten zum Programm. In der Rückschau war das Hallische Händelfest 1922 nicht nur das erste, das auch diesen Namen trug, es war darüber hinaus „das erste deutsche Händelfest, das alle drei Gattungen des Händel’schen Schaffens, die Oper, das Oratorium und die Instrumentalmusik, gleichberechtigt in sich vereint[e].“ [129] Es wurde

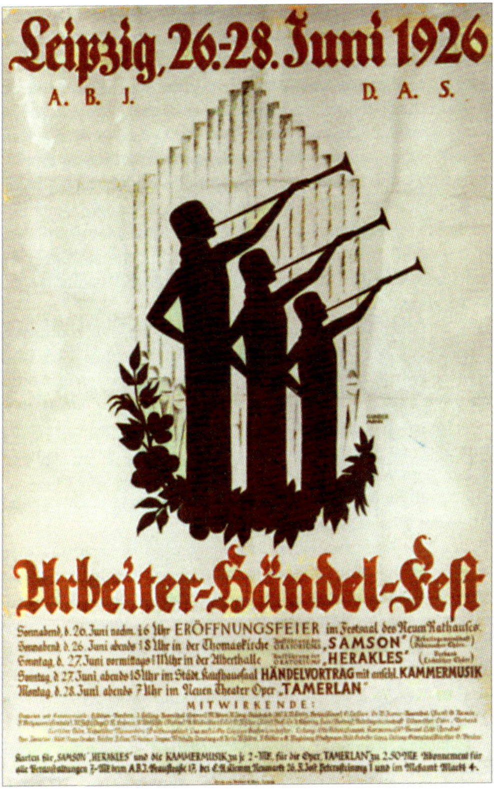

Plakat zum Arbeiter-Händel-Fest 1926 in Leipzig

damit zum angestrebten (allerdings vor 1952 nur selten erreichten) Vorbild aller weiteren Händel-Feste.

Hermann Abert war inzwischen (auf dem Umweg über die Universität Heidelberg) 1920 als Nachfolger Hugo Riemanns an die Leipziger Universität gegangen, und 1923 wurde er als Nachfolger von Hermann Kretzschmar nach

Berlin berufen. Außerdem waren auch die übrigen (vor allem die immer schlechter werdenden wirtschaftlichen) Bedingungen einem Klima immer abträglicher, in dem Musikfeste gedeihen konnten. Jedoch wollte man in Halle auf die tradierten Händel-Aufführungen der Gesangsvereine nicht verzichten. So wurden innerhalb von vier Jahren (1923 – 1926) immerhin sechs Oratorien und eine Oper zur Aufführung gebracht.

Die Händel-Gesellschafts-Initiative zur Veranstaltung ihres dritten Händel-Festes in Halle wurde hier bereits 1929 aufgenommen. Bei der Konzeption des Programms wurde nun die Handschrift Max Schneiders deutlich, des an der Universität wirkenden Vorreiters für die Beachtung der historischen Aufführungspraxis Alter Musik. Sein öffentlicher Vortrag zu dem Thema „Die Gegensätze in der Auffassung Händelscher Musik" befasste sich hauptsächlich mit aufführungspraktischen Fragen.

In den 1920er Jahren nahm auch die Arbeiter-Chorbewegung in Deutschland einen kaum für möglich gehaltenen Aufschwung. Es kam zum Zusammenschluss schon bestehender kleinerer Chöre, die sich wie ihre bürgerlichen Vorbilder in verstärktem Maße auch der Einstudierung oratorischer Werke insbesondere von Georg Friedrich Händel widmeten. Die Bemühungen einiger Enthusiasten mündeten 1926 in einem spektakulären Arbeiter-Händel-Fest in Leipzig, das vom dortigen Allgemeinen Arbeiter-Bildungs-Institut, dem Gau Leipzig des Deutschen Arbeiter-Sängerbundes und von verschiedenen weiteren Chorgemeinschaften veranstaltet wurde.

Solche hoffnungsvollen Ansätze konnten jedoch durch die „Gleichschaltung" der kulturellen Institutionen und deren totaler Kontrolle nach der Machtergreifung der

Nationalsozialisten, der schließlich auch sehr viele Arbeiterchöre zum Opfer fielen, kaum Früchte tragen. Darüber hinaus versuchten die Nationalsozialisten in den folgenden Jahren unverhohlen durch Verfälschungen das Werk Händels ihrer demagogischen und im Wesen kulturfeindlichen Politik dienstbar zu machen, was aber teilweise auf den Widerstand von namhaften Musikern und Intellektuellen stieß.

Hermann Abert hatte in Leipzig die neue Händel-Gesellschaft mit Gründungsdatum 8. Juni 1925 ins Leben gerufen, die etwas später – satzungsgemäß – in verschiedenen Städten Deutschlands, gestützt auf die jeweils örtlichen Potenzen, Händel-Feste veranstalten sollte: 1926 in Münster, 1928 in Kiel und, wie bereits erwähnt, 1929 in Halle (Hermann Abert war jedoch 1927 verstorben).

Händel-Ehrung 1935

In den Jahren nach den ersten Hallischen Händelfesten 1922 und 1929 fehlte in der Stadt offensichtlich jener Spiritus Rector, der es verstand, geeignete Personen zu motivieren, die gewaltige Anstrengung eines neuen Händelfestes aus eigener Kraft auf sich zu nehmen. Aber die Nazi-Ideologen hatten bei ihrer Suche nach neuer kultureller Identität bald entdeckt, dass sich Händel für bestimmte propagandistische Zwecke sehr gut benutzen ließe, zumal sie wesentliche andere Teile deutscher Musikkultur vergessen lassen wollten. So wurde die Reichsmusikkammer beauftragt, die „Deutsche Bach-Händel-Schütz-Feier 1935“ durchzuführen. In diesem Rahmen wurden auch die „Reichs-Händelgedenktage“ in Halle geplant und veranstaltet. Der damalige

Geschäftsführer der Reichsmusikkammer Heinz Ihlert ließ in seiner Rede zur Eröffnung am 23. Februar 1935 keinen Zweifel an den parteipolitischen Zielen dieser Händeltage. Dabei waren musikimmanente oder auch textliche Fragen, soweit sie semantisch nicht offen gegen die offizielle Ideologie zu interpretieren waren, zunächst noch zweitrangig. Dies war es wohl auch, wodurch sich manche der beteiligten Musiker und Wissenschaftler noch täuschen ließen, was deren zumindest zeitweilige Mitwirkung bei den öffentlichen musikalischen Kundgebungen möglich machte. – Darüber hinaus gab es allerdings noch eine andere Seite dieses halleschen Händel-Festes 1935, die zunächst in den Konzerten und Aufführungen selbst vermutet werden kann. Zwar darf einerseits der Einfluss der Propaganda auf die allgemeine Musik-Rezeption bzw. das Rezeptionsverhalten des damals anwesenden Publikums keinesfalls unterschätzt werden, aber andererseits hat auch die jüngere Vergangenheit oft genug bewiesen, dass man der „reinen" Wirkung der großen Kunst Händels selbst unter extremen Bedingungen vertrauen kann.

Diese sich in gewisser Weise einer sachlichen Bewertung entziehende Wirkung wurde auch von einigen Zeitgenossen, so beispielsweise von Paul Klanert in seiner Kritik der Aufführung des Oratoriums *Semele*, als bemerkenswert empfunden. Allerdings ist für das Programm 1935 hervorzuheben, dass (wohl in gezielter Auswahl) auf die Aufführung von Werken mit jüdischen Bezügen verzichtet wurde und deshalb noch keine der späteren Auswüchse der Bearbeitungen bzw. Verfälschungen von Händel-Werken zu verzeichnen waren.

Die dargebotenen Werke waren zwar überwiegend für die Konzerte bearbeitet worden, aber bei einer Beurteilung

HALLISCHE UNIVERSITÄTSREDEN
68

Händel in England

Gedächtnis-Rede
anläßlich der 250. Geburtstagsfeier in Halle
am 24. Februar 1935

gehalten von

Edward Dent
Professor an der Universität Cambridge (England)

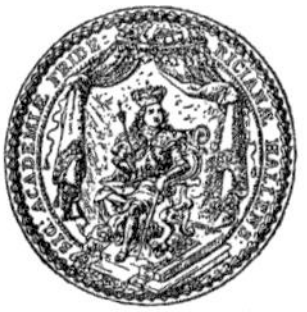

Max Niemeyer Verlag
Halle (Saale)
1936

Edward Dents Rede ist in gedruckter Fassung überliefert.

dieser damaligen, offensichtlich in der Chrysander-Tradition stehenden Praxis, wie sie beispielsweise von Alfred Rahlwes für die Aufführung des Oratoriums *Semele* vorgenommen worden war, müssen wir uns der Tatsache bewusst sein, dass diese zunächst wohl kaum politisch-ideologisch, sondern praktisch-ästhetisch dem Zeitgeist folgend motiviert waren und anders zu bewerten sind als die späteren.

Zu der genannten zweiten Seite des Halleschen Händel-Festes 1935 gehörte vor allem ein „Festakt der Martin-Luther-Universität Halle-Wittenberg", der mit dem Fokus auf populärwissenschaftliche Themen zum Händel-Verständnis am Tage nach der pompösen offiziellen Eröffnung stattfand. Hier referierte neben Max Schneider Edward Dent aus Cambridge. Er sprach über „Händel in England".[130]

Es war einer der gut formulierten, unterhaltenden Vorträge, wie wir ihn nahezu unverändert auch heute noch einem interessierten Publikum anbieten könnten. Natürlich vermied Dent jede offene Konfrontation gegenüber seinen offiziellen Gastgebern, aber manche seiner Hervorhebungen sind deutlich an die Adresse Nazideutschlands gerichtet, z. B.: „England war damals das Land der religiösen und politischen Freiheit; das erklärt uns, warum Händel gern dort lebte, warum er nie wieder (außer zu kurzen Besuchen) nach Deutschland zurückkehrte [...]" [131] oder wenn Dent, augenscheinlich in Reaktion auf die offiziellen Reden (besonders die Alfred Rosenbergs zur Eröffnungsfeier der Festspiele) vielleicht wider besseres Wissen betont, Händel habe nie für das Volk geschrieben, sondern das Volk verachtet.[132]

Der Vortrag Max Schneiders ist nicht direkt überliefert. Jedoch können wir einem Bericht der Mitteldeutschen Nationalzeitung entnehmen, dass er zu keinerlei Zugeständnissen bereit war und sich stattdessen zum wiederholten Male bewusst ausweichend aufführungspraktischen Fragen zugewandt hatte.[133] Dies steht im Gegensatz zu Arnold Schering oder Joseph Müller-Blattau, die u. a. für eine Sonderpublikation in der Reihe der „Mitteldeutschen Hefte" Beiträge geliefert hatten,[134] die sich, wenn auch gemäßigt, der Nazi-Ideologie näherten oder sich ihr gegenüber opportunistisch verhielten.

Trotz aller negativen Begleitumstände gab das Reichs-Händel-Fest 1935 neue Impulse zur Aufführung der Werke Georg Friedrich Händels, und in den Jahren zwischen 1936 und 1944, als die politische Aufmerksamkeit für solche regionalen Aktivitäten gering war, fanden in Halle jährliche Händeltage statt, deren Programm weitgehend von der halleschen Musikwissenschaft beeinflusst werden konnte.

Hallesche Händel-Renaissance nach 1945

Zu den ersten musikalischen Veranstaltungen, die nach 1945 in Halle durchgeführt wurden, gehörten Aufführungen Händel'scher Werke. Zur Fortsetzung der Händel-Festspiel- bzw. der Händel-Tage-Tradition fehlten jedoch sämtliche Voraussetzungen. 1946 regten sich die halleschen Händel-Enthusiasten erneut. Einer von ihnen war Max Schneider, ein anderer Dr. Herbert Koch, von dem spätestens seit 1937 fast alle an die Stadt adressierten praxisfähigen Vorschläge zur Entwicklung einer kontinuierlichen Händel-Pflege und darüber hinaus einer intensiveren Pflege mitteldeutscher Musiktradition ausgingen. Ihm verdanken wir u. a. die (immer wieder verschobene) Gründung des Musikmuseums im Geburtshaus Händels, den Erwerb deren wichtigster Sammlungsbestände und den Beginn der Schriftenreihe des Händelhauses. – Im ersten Heft hatte zwar die Rede Rosenbergs von 1935 gedruckt werden müssen, aber ab Heft 2 wurden hochwertige wissenschaftliche Beiträge zugänglich gemacht, u. a. Joachim Eisenschmidts Arbeit über die szenische Darstellung der Opern Georg Friedrich Händels auf der Londoner Bühne seiner Zeit.[135]

Koch hatte sich auch um die Gründung einer neuen Händel-Gesellschaft bemüht und mit Verlagen zur Herausgabe einer neuen Händel-Ausgabe verhandelt.[136] Zwar war die Leitung des Händel-Hauses seit September 1946 Dr. Erich Neuß (dem Leiter des Stadtarchivs, der Stadtbibliothek und der Volksbüchereien sowie Direktor des Städtischen Moritzburgmuseums) übertragen worden, im Händel-Haus wirkte zu Beginn aber vor allem Herbert Koch, der allerdings wegen seiner einstigen Mitgliedschaft in der NSDAP und seiner vormaligen Funktion als Kulturreferent der Stadt kaum in der Öffentlichkeit agieren durfte. Die Händel-Aktivitäten von Erich Neuß manifestierten sich dagegen hauptsächlich in seiner Funktion als Sekretär der Hallischen Händel-Gesellschaft. Vorsitzender dieser Gesellschaft war Max Schneider.

Die Hallische Händel-Gesellschaft war durch Initiative der Stadt noch 1944 ins Leben gerufen, aber dann 1948 anlässlich der Vorbereitung der Hallischen Händeltage neu gegründet worden, weil man dies angesichts der politisch belasteten Vorgeschichte für richtig hielt.[137] Dieser Hallischen Händel-Gesellschaft gelang es, bereits drei Jahre nach Kriegsende „Händel-Tage“ zu organisieren. Sie wurden „veranstaltet von der Hallischen Händel-Gesellschaft, der Staatlichen Hochschule für Theater und Musik, den Städtischen Bühnen, der Ev. Kirchenmusikschule und der Robert-Franz-Singakademie“.[138]

Die vom Mitteldeutschen Rundfunk aufgezeichnete und am 25. Februar 1948 gesendete Eröffnung fand aus

Anlass der teilweisen Fertigstellung des Händel-Hauses am 22. Februar in dessen „Musiksaal“ mit einem Kammerkonzert statt. Die Eröffnungsrede hielt Max Schneider, deren Kerngedanke es war, den „ganzen Händel nun mit allen seinen Reichtümern immer breiteren Schichten zugänglich zu machen“, dies sei „die vordringlichste Aufgabe der Händelstadt Halle und all ihrer neu aufblühenden Musikinstitute, insbesondere aber der neugegründeten Hallischen Händelgesellschaft“.[139] Darüber hinaus äußerte er sich über die Bestimmung des Händel-Hauses, in dessen Arbeit sich Wissenschaft und Musikpraxis fruchtbar begegnen sollten. Unter aufführungspraktischen Gesichtspunkten gab er der Hoffnung Ausdruck, dass das Händel-Haus mit seiner Sammlung historischer Musikinstrumente anregend wirken könne. Das anschließende Kammerkonzert mit Werken von Händel griff diesen Gedanken auf, soweit das seinerzeit zu verwirklichen war, indem auf Instrumenten aus dem Museumsbestand musiziert wurde. Neben anderen spielten Heinz Wunderlich auf dem Ruckers-Cembalo (MS-65), Christian Klug auf einem Violoncello von Maussiell (MS-248) und einer Tielke-Gambe (MS-222) sowie Karl Gehr auf einer nicht näher bezeichneten „altitalienischen Violine“.

Im Programm folgte im Thalia-Theater (das Stadttheater lag noch im Schutt eines Bombenangriffes kurz vor Kriegsende) eine Inszenierung der Oper *Xerxes*, in der Universitätsaula fand eine „Orgelfeierstunde“ mit Werken von Händels Zeitgenossen statt, die Robert-Franz-Singakademie in Gemeinsamkeit mit dem Chor der Staatlichen Hochschule für Theater und Musik führten das Oratorium *Susanna* auf, und die Evangelische Kirchenmusikschule beteiligte sich mit einem Konzert in der Ulrichskirche.

Diese Händeltage erforderten unter den damaligen Bedingungen eine gewaltige Kraftanstrengung, die mit Ausnahme einiger geringfügiger Solistenhonorare fast ausschließlich ehrenamtlich oder innerhalb des Dienstes der beteiligten Institutionen aufgebracht wurde. Es war klar, dass Ähnliches nur in größeren zeitlichen Abständen wiederholt werden könnte, falls keine geeignetere, von der Stadt oder dem Land getragene Organisationsform gefunden werden sollte, worum sich einige Enthusiasten, unter ihnen der rührige Musikalienhändler Arno Rammelt, dann bemühten.

Zwischenzeitlich ruhte sich die Hallische Händel-Gesellschaft allerdings nicht auf ihren Lorbeeren aus. Wie aus den Akten im Archiv des Händel-Hauses hervorgeht, wurde eine Konzertreihe aufgelegt, die abwechselnd aus Kammerkonzerten und größeren Konzerten bestand. Daneben wurden Vorträge im Händel-Haus organisiert. Ebenfalls fruchtbare Arbeit leistete die Arbeitsgemeinschaft für Händel-Pflege des Kulturbundes zur demokratischen Erneuerung Deutschlands unter der Leitung von Arno Rammelt u. a. mit Konzerten in dem 1948 als Museum eröffneten Händel-Haus. Bei wachsender Breitenwirkung fanden auch in den folgenden drei Jahren Händeltage (in einem allerdings sehr bescheidenen Rahmen) statt.

Jährliche Händel-Festspiele in Halle

Nachdem die damalige hallesche Provinzverwaltung ihre Unterstützung zugesagt hatte, wurden im Jahre 1952 die

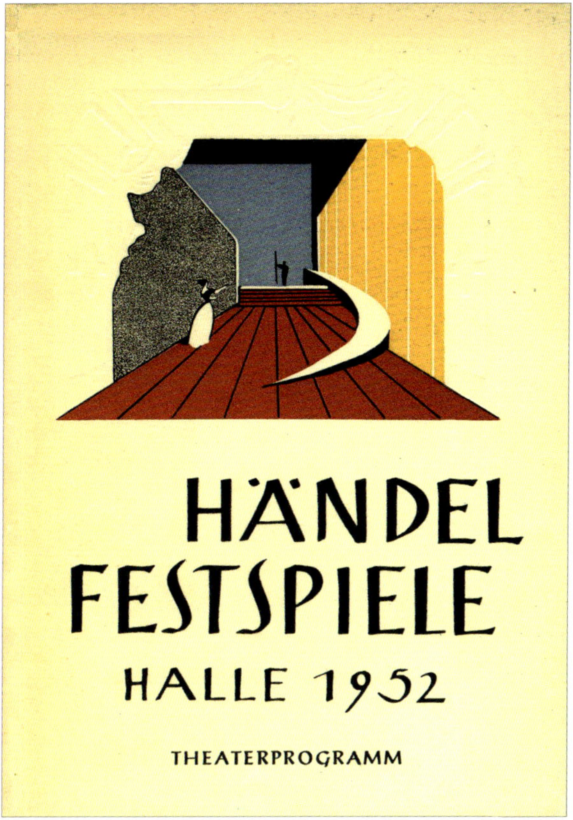

Theaterprogramm der Händel-Festspiele 1952

ersten „neuen" Händel-Festspiele durchgeführt. In Fortsetzung der halleschen Tradition waren sie vor allem der Ausgangspunkt einer umfassenden Erschließung des Opernwerkes Georg Friedrich Händels als Repertoirestücke für die damalige Opernbühne am Landestheater Halle. Das hatte in der Folge eine bemerkenswerte Ausstrahlungskraft, die nicht nur zu gefeierten Festspielbeiträgen führte, sondern dazu beitrug, dass an vielen Bühnen Europas Händel-Opern in das Repertoire Eingang fanden.

Händel-Opernaufführungen gehören auch heute noch zu den Schwerpunkten der Festspiele. In Koproduktion mit dem Opernhaus Halle wird jedes Jahr mindestens eine neue Oper in Szene gesetzt. Ergänzend dazu finden neben konzertanten Aufführungen auch Gastinszenierungen (großenteils im Goethe-Theater Bad Lauchstädt) sowie weitere Gastspiele statt.

Eine neue Qualität bekamen die Händel-Festspiele nach der Gründung der Internationalen Georg-Friedrich-Händel-Gesellschaft. Sie konstituierte sich 1955 hauptsächlich mit dem Ziel, das Werk Händels „allseitig zu erforschen und zu propagieren". Seit ihrer Gründung gibt sie die Händel-Jahrbücher und die Hallische Händel-Ausgabe heraus (anfangs unter der Leitung von Prof. Dr. Walther Siegmund-Schultze, danach von Prof. Dr. Bernd Baselt, von Prof. Dr. Wolfgang Ruf, von Dr. hc. Terence Best und Prof. Dr. Wolfgang Hirschmann). Dabei arbeitet sie eng mit der Musikwissenschaft an der Martin-Luther-Universität Halle-Wittenberg und mit namhaften Händel-Forschern aus dem In- und Ausland zusammen. Unter ihrer Verantwortung werden jährlich im Rahmen der Festspiele wissenschaftliche Konferenzen mit internationaler Beteiligung gemeinsam mit dem musikwissenschaftlichen Institut und der Stiftung Händel-Haus durchgeführt.

Ungeachtet der beibehaltenen Schwerpunktsetzung im Opernbereich, entsprachen die Programme der halleschen Händel-Festspiele konsequent der von der Händel-Gesellschaft formulierten Aufgabenstellung und berücksichtigten in ihren Programmen die Vielfalt des Gesamtwerkes Georg Friedrich Händels.

Internationale Händel-Festspiele und die Händel-Gesellschaft in Karlsruhe

Die Tradition der Händel-Pflege in Karlsruhe begann mit der Berufung von Günter Könemann zum Generalintendanten des neu erbauten Badischen Staatstheaters 1977. Bereits ein Jahr später initiierte er hier die ersten Händel-Tage. Die Anregung dafür brachte er aus Halle mit, wo er an der damaligen Hochschule für Musik und Theater u. a. Regie bei Heinz Rückert studiert hatte. Rückert war hauptamtlich am halleschen Theater als Oberspielleiter tätig, wo er zusammen mit Horst-Tanu Margraf seit 1952 mit den jährlichen Händel-Opern-Inszenierungen an der Durchführung der Händel-Festspiele beteiligt war.

1985, anlässlich der 300. Wiederkehr von Händels Geburtstag, wurden die inzwischen alljährlich veranstalteten Karlsruher „Händel-Tage" in den Rang von Festspielen erhoben. Mit der Gründung des Orchesters „Deutsche Händel-Solisten" 1985 wurde eine wichtige Voraussetzung für eine historisierende Musizierweise geschaffen. 1986 ermöglichte die Einrichtung der Internationalen Händel-Akademie in Zusammenarbeit mit der Staatlichen Hochschule für Musik Karlsruhe allgemein zugängliche jährliche Kurse im Gesangstil des Barock sowie die Vermittlung spezieller Spielweisen auf historischen Musikinstrumenten aus der Zeit Händels.

Zur Unterstützung und Begleitung dieser Bemühungen wurde im Jahre 1989 die Händel-Gesellschaft Karlsruhe e. V. gegründet.

Halles Wege in die Zukunft

In den durch das Händel-Haus bereits seit 1939 (noch vor Eröffnung des Geburtshauses als Museum) veranstalteten Konzerten (vornehmlich mit Musik aus Halle und Mitteldeutschland) wurden bereits häufig historische Musikinstrumente verwendet und Spezialisten für Alte Musik aus ganz Deutschland eingeladen. Die Eröffnung der Händel-Tage in Halle 1948 sollte in dieser Hinsicht Zeichen setzen, was sich allerdings in der folgenden Zeit mit wenigen Ausnahmen auf die Konzerte im Händel-Haus selbst beschränkte.

In den 1970er Jahren, als sich in einigen westlichen Ländern vermehrt spezialisierte Ensembles zu formieren begannen, die versuchten, sich einer „historisch informierten“ Aufführungspraxis zu nähern, stagnierte die einheimische Entwicklung attraktiver Aufführungsstile Alter Musik. In der gesamten DDR gab es in dieser Hinsicht nur einzelne Initiativen.[140]

Auch in Halle waren den Bemühungen des damaligen Ersten Konzertmeisters des Händelfestspielorchesters Manfred Otte und des GMD Christian Kluttig (bis 1990) erst seit Anfang der 1980er Jahre künstlerische Erfolge beschieden, die die hallesche Händel-Pflege wieder mehr über die Stadtgrenzen hinaus bekannt machen sollten. Durch ihre intensive Arbeit – besonders auch innerhalb des von Manfred Otte gegründeten „Hallischen Consorts“ – schufen sie die Voraussetzungen dafür, dass das gesamte Händelfestspielorchester sich mehr und mehr historisierenden Musizierweisen zuwendete. Unter diesen Voraussetzungen konnte der damalige Intendant Klaus Froboese 1993 innerhalb des Opernorchesters ein profiliertes Barockensemble gründen, das seither auf Instrumenten historischer Mensur spielt.

Nur dadurch konnten die halleschen Beiträge zum Programm der jährlichen Händel-Festspiele auch unter den veränderten Bedingungen nach 1990 neben der Konkurrenz der internationalen „Barockspezialisten“ bestehen und die Tradition der Integration regionaltypischer Elemente in das Festspielprogramm fortführen. – Seit 1952 waren einerseits für die Programmgestaltung sehr häufig konzeptionelle Bezugspunkte zur reichen mitteldeutschen Musiktradition und zuweilen auch zu anderen bedeutenden kulturgeschichtlichen Anlässen gesucht worden, andererseits war schon in den Anfangsjahren aus ursprünglicher „Not“ eine Tugend geworden, indem städtische oder in der Region angesiedelte künstlerische Kräfte wesentlich zur Realisierung der anspruchsvollen Programme herangezogen wurden. So bekamen sie die Möglichkeit einer zielgerichteten Entwicklung, die in vielen Fällen zu einem künstlerischen Niveau führte, das sich mit dem der eingeladenen internationalen Gäste messen konnte.

Letzteres ist für Halle insofern von besonderer perspektivischer Bedeutung, als sich bestimmte Festspiele für Alte Musik einem stärker werdenden Spezialisierungsdruck ausgesetzt sehen, der dort, wo es weniger stark entwickelte eigene künstlerische Potenzen gibt, teilweise dazu führen kann, dass häufig die gleichen Spezialensembles und die gefragten Alte-Musik-Stars mit mehr oder weniger auswechselbaren bzw. fertigen und teilweise schon an anderen Orten dargebotenen Programmen engagiert werden müssen.

Eine solche Entwicklung kann auch bedeutenden Festspielen die Unverwechselbarkeit kosten. Diese Gefahr scheint in Halle mittelfristig gebannt zu sein dank einer konsequenten konzeptionellen Ausrichtung des Opernhauses Halle mit seinen Ensembles, aber auch dank bewusster Einbeziehung und Förderung weiterer regionaler künstlerischer Kräfte durch die maßgeblichen für die halleschen Händel-Festspiele verantwortlichen Gremien.

Denn an der Händel-Pflege in Halle, die zudem nicht nur auf die Festspiele selbst beschränkt ist, sind viele beteiligt, neben der für die Festspiele hauptverantwortlich zeichnenden Stiftung Händel-Haus u. a. auch die Robert-Franz-Singakademie, der Stadtsingechor, die Martin-Luther-Universität Halle-Wittenberg mit ihren Musikinstituten und Musikensembles, die Evangelische Hochschule für Kirchenmusik sowie – nicht zu vergessen – einige temporär zusammengestellte Ensembles aus der Region.

Halle hat sich auf der Grundlage einer solchen Zusammenarbeit unter der Leitung und maßgeblich konzeptioneller Bestimmung durch das Händel-Haus in Gemeinschaft mit der Georg-Friedrich-Händel-Gesellschaft zu einem internationalen Zentrum der Händel-Pflege entwickelt, in dem sich Wissenschaft und Praxis ergänzen und anregen. Dies ist ein in vieler Hinsicht (auch gegen einige Egoismen) erreichtes erstaunliches, aber im Interesse der „Sache" notwendiges Ergebnis, das es zu bewahren und weiterzuentwickeln gilt.

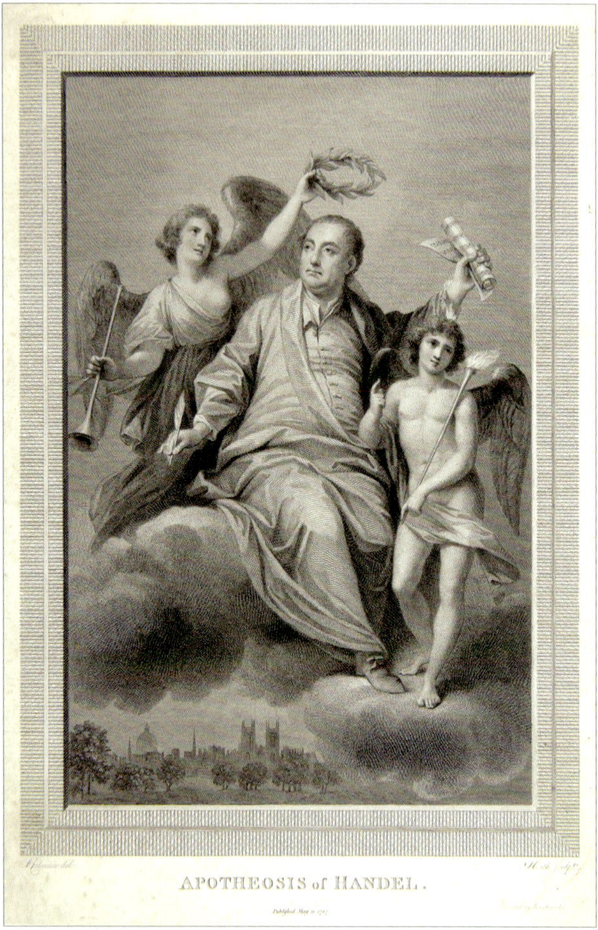

Apotheosis. Stich von James Heath nach Biagio Rebecca 1787

Anhang

Glossar

Anthem – (engl.) Lobgesang, englische Chorkomposition mit geistlichem Text, auch allgemein für festlichen Gesang

Arcadier – Bewohner Arkadiens; hier: Mitglied der 1690 in Rom gegründeten gleichnamigen Gesellschaft

Castrat(o) – (it.) männlicher Sänger in der (natürlichen) Stimmlage von Sopran oder Alt

Cembalo – (it.) eigentlich: Clavicembalo, dt.: Kielklavier (lat.: clavis = Taste; cymbel „Zimbel"), historisches Tasteninstrument, bei dem der Ton durch Anreißen der Saiten (meist mittels eines Federkiels) erzeugt wird

Commemoration – (engl.) Gedächtnis/Erinnerung, auch als Kürzel für commemoration ceremony (Gedenkveranstaltung), commemoration day (Gedenktag) usw. So wurde das erste große Händel-Fest in London 1784 als „Handel Commemoration" bezeichnet.

conversazioni – (it.) Unterhaltungen

Das **Edikt von Nantes** von 1598 gewährte den calvinistischen Protestanten (Hugenotten) im katholischen Frankreich religiöse Toleranz und Bürgerrechte und beendete vorübergehend das Zeitalter der Religionskriege zwischen Hugenotten und Katholiken. 1685 widerrief Ludwig XIV. das Edikt.

Effekten – bewegliche Habe, an der Börse gehandelte Wertpapiere

ex tempore – (lat.) aus dem Stegreif (hier: im Gegensatz zu auskomponierten, aufgeschriebenen Noten)

Fiasco – hier: Reinfall, Flop

Flageolett – (franz.) kleine Flöte

Gentlemen Volunteers – freiwillige Herren, Freiwilligenarmee

„Hallelujah" – (hebräisch) „preiset Jah" („Jah" – Kurzform für „Jahwe" – Gott)

Jakobiten oder **Jakobiter** (von engl. Jacobites, abgeleitet von Jacob II. von England bzw. Jacob VII. von Schottland) wurden die englischen, schottischen und irischen Anhänger der im Exil lebenden Thronprätendenten aus dem Haus Stuart genannt. Mehrfach versuchten sie gewaltsam Jacob zu seinem vermeintlichen Recht zu verhelfen.

Kavaliersreise – Für junge Männer aus adligem Hause war es im 17. und 18. Jahrhundert eine Selbstverständlichkeit, auf

„Kavaliersreise", die sogenannte „Grand Tour", zu gehen. Sie besuchten wichtige europäische Kunststädte und Landschaften, um sich gemäß ihrer Herkunft und Erziehung zu bilden.

Lord Chamberlain – Chef der königlichen Hofhaltung in England im 18. Jahrhundert, entfernt vergleichbar mit einem heutigen Chef einer Staatskanzlei

Libretto – (it.) Operntext

Madrigal – mehrstimmiges Vokalstück in der Renaissance und im Frühbarock

Masque – (engl.) Maskerade. Die bei Hofe als Bühnenstück aufgeführte englische Masque vereinte Dichtung, Musik, Tanz, Kostüm, Bühneneffekte und Architektur.

Messiah – (engl.) Messias bezieht sich auf einen ursprünglich hebräischen Hoheitstitel aus der jüdischen Bibel und bedeutet „der Gesalbte" (hebräisch: Maschiach). Bedeutung im Neuen Testament: Christus

Ode – (griech.) Gesang oder Lied; feierliches, in Strophen gegliedertes Gedicht (gewöhnlich ohne Endreim)

opera seria – (it.) ernste Oper, auch „Dramma per musica" (Musikdrama), Terminus für die „ernste" italienische Oper (auch „neapolitanischer Opernstil") die sich seit ca. 1600 in Italien entwickelte und die auf den europäischen Opernbühnen des 18. Jahrhunderts überwog

palladianesk – Übernahme von Stil-Elementen oder der Anmutung des Baustils des Architekten Andrea Palladio (16. Jahrhundert) und seiner Nachfolger

Pasticcio – (it.) Pastete, bezeichnet auch ein musikalisches Theaterstück (in der Regel eine Oper), in der die Musik aus verschiedenen anderen Werken eines oder verschiedener Komponisten anhand eines (meist neuen) Textbuches zusammengestellt wurde.

Pfund (Sterling) – Abk. £ (abgeleitet von lateinisch „libra" = Pfund), 1 £ hatte 20 Shillings bzw. 240 d. (von lateinisch „denarius" = Penny). Das Wertverhältnis zum Taler betrug zur Händel-Zeit grob 1 : 4, zu unserem heutigen Euro wertmäßig wohl um die 1 : 150. – Händel bekam von Königin Anna eine jährliche Pension von £ 200, also ca. 800 Talern, was einem heutigen Wert von etwa 30.000 € entspräche. Allerdings sagt eine solche Rechnung wenig, denn die Lebenshaltungskosten und die individuellen Ansprüche waren z. B. in London insgesamt höher als in Hannover. Dennoch wäre diese Summe für eine bürgerliche Existenz ohne wesentliche Einschränkungen ausreichend gewesen.

Philanthropie – menschenfreundliches Denken und Verhalten

Reichsmusikkammer – Zur Durchsetzung der „Gleichschaltung" der gesamten Kultur im nationalsozialistischen Deutschland wurde am 22. September 1933 auf der Grundlage des Reichskulturkammergesetzes die Reichskulturkammer mit sieben Unterabteilungen, darunter die Reichsmusikkammer, unter Joseph Goebbels gegründet.

Royal Academy of Music – ein Aktienunternehmen zur Aufführung italienischer Opern in London, an dem sich König George II. mit £ 1000 beteiligte. Der Name entstand sicherlich in Anlehnung an die 1669 von Ludwig XIV. in Paris gegründete Académie royale de musique.

Serenata – (it.) Serenade; in der Barockmusik meist eine für Freiluftaufführung komponierte Kantate mit mehreren Sängern und Instrumentalisten

Siciliano-Rhythmus – (meist punktierter) 6/8- oder 12/8-Takt aus der Folklore der sizilianischen Hirten

Thaler (oder Taler) – siehe Pfund

Thronprätendent – eine Person, die Anspruch auf einen Thron erhebt, aber nicht offiziell als Monarch anerkannt ist

Vauxhall Gardens – die Vauxhall-Gärten wurden 1660 am Südufer der Themse, im Londoner Stadtteil Vauxhall, als Vergnügungspark eröffnet, sie bestanden bis 1859. Hier fanden die verschiedensten, vor allem auch musikalische Veranstaltungen statt.

„Wedding Anthem" – Lobgesang zur Feier einer Eheschließung

Personenverzeichnis[141]

A

Abert, Prof. Dr. Hermann (1871 – 1927) ***110, 111, 113, 115***
Musikwissenschaftler, 1919 Professor des mit ihm gegründeten Ordinariats für Musikwissenschaft an der Universität in Halle

Alexander der Große (Alexander III. von Makedonien) (356 – 323 v. Chr.) ***83***
war von 336 v. Chr. bis zu seinem Tod König von Makedonien und Führer des Korinthischen Bundes. Er dehnte die Grenzen des ursprünglich kleinen Makedoniens durch den sogenannten Alexanderzug bis an den Indischen Subkontinent aus. Nicht zuletzt wegen seiner militärischen Erfolge wurde die Gestalt Alexanders häufig in künstlerischen Werken dargestellt.

Alvito, Ptolemaios III. Saverio Gallio (1685 – 1711), VI. Herzog von Alvito ***40***

Amyand, Sir George (1720 – 1766) ***96***
britischer Arzt, Kaufmann und Politiker, Händels Nachlassverwalter

Anne Stuart (1665 – 1714) ***49, 54 – 56, 133***
war von 1702 bis 1714 Königin des Königreiches Irland, von 1702 bis 1707 Königin von England und Schottland und ab 1707 die erste Königin von Großbritannien. Sie war die letzte britische Königin des Hauses Stuart.

Arbuthnot, Dr. John (1667 – 1735) ***56***
Leibarzt der Königin Anna und Mathematiker, Mitglied des Scriblerus Club

Ariosti, Attilio (Malachia) (1666 – 1729) ***29, 61, 63, 64***
Diakon und Musiker, 1697 – 1703 Komponist am Hofe Sophie Charlottes in Lietzenburg (Berlin). 1719 arbeiteten er und Giovanni Bononcini mit Händel für die Royal Academy of Music in London.

Arnold, Samuel (1740 – 1802) ***106***
Organist und Komponist der königlichen Kapelle; seit 1789 Direktor der Academy of Ancient Music und seit 1793 Organist der Westminster-Abtei

Boschi, Francesca († 1744) und Giuseppe (* ca. 1687, † nach 1744) ***48***
Sängerehepaar

Boyle, Richard (1694 – 1753) ***52 – 54, 71***
Earl of Burlington und 4. Earl of Cork, Geheimrat und Mitglied des House of Lords (der oberen Kammer des engl. Parlaments). Man nannte ihn „Apollo of the Arts" und „Architekt-Graf". Als solcher initiierte er einige beispielgebende Bauten im adaptierten Stil von Andrea Palladio; Mitbegründer des Foundling Hospital in London, zu dessen Aufsichtsrat später auch Händel gehörte.

Britton, Thomas (1643 – 1714) ***48***
studierter Chemiker, verkaufte als „fliegender Händler" in Londons Straßen Kohle, bekannt wegen seines großen Allgemeinwissens und seiner musikalischen Fähigkeiten und Begeisterung für dieses Metier. Er baute den Dachboden über seinem Kohlenlager in Clerkenwell um, installierte ein Cembalo und eine Orgel und veranstaltete wöchentlich Konzerte, die sich großer Beliebtheit erfreuten.

Brockes, Barthold Heinrich (1680 – 1747) ***9, 30***
Schriftsteller der frühen deutschen Aufklärung; sein Hauptwerk, die naturlyrische Gedichtsammlung *Irdisches Vergnügen in Gott,* reflektiert die Natur in ihrer Schönheit als Mittler zwischen Mensch und Gott. Texte daraus setzte Händel in *Neun Deutsche Arien* in Musik, außerdem vertonte er die sogenannte *Brockes-Passion.*

Bromfield, William (1712 – 1792) ***94***
Mitbegründer des London Lock Hospital, des ersten Spezialkrankenhauses für Geschlechtskrankheiten, sowie einer der gefragtesten Chirurgen Londons

Burney, Charles (1726 – 1814) ***56, 101, 104***
Doctor of Music, Musikhistoriker, Organist und Komponist. Herausragend sind seine auf ausgedehnten Reisen durch Europa basierenden Arbeiten zur Musikgeschichte (u. a.: *A General History of Music from the Earliest Ages to the Present Period* sowie: *Karl Burneys Nachricht von Georg Friedrich Händels Lebensumständen und der ihm zu London im Mai und Juni 1784 angestellten Gedächtnissfeyer*).

Buxtehude, Dietrich (1637 – 1707) ***30***
Organist, berühmtester Vertreter der „Norddeutschen Orgelschule", wurde 1668 Nachfolger Franz Tunders an St. Marien in Lübeck. Zu ihm pilgerten viele junge Musiker, darunter J. S. Bach und G. F. Händel, um von seiner Kunst zu lernen.

C

Caldara, Antonio (1670 – 1736) ***62***
italienischer Komponist und Musiker, 1716 wurde er unter Johann Joseph Fux erster Vizekapellmeister der Hofkapelle in Wien. Er machte sich einen Namen mit über 3400 komponierten Werken, darunter 80 Opern.

Carestini, Giovanni (1700 – 1760) ***73***
italienischer Opernsänger und Kastrat (Sopran, später Alt)

Caroline von Ansbach bzw. Wilhelmina Charlotte Caroline von Brandenburg-Ansbach (1683 – 1737) ***44, 51, 57 – 59, 76, 152, 157***
geborene Markgräfin von Brandenburg-Ansbach, heiratete den späteren König Georg II. und wurde Kurfürstin von Hannover sowie 1727 (mit der Krönung Georgs II.) Königin von Großbritannien und Irland.

Charles Edward Louis Philip Casimir Stuart (1720 – 1788) ***78***
Sohn von James Francis Edward Stuart, des im Exil lebenden Thronprätendenten auf den Thron Großbritanniens und Irlands.

Cheere, Sir Henry (1703 – 1781) ***84***
renommierter englischer Bildhauer, berühmt besonders für seine monumentalen Steinarbeiten, davon neun Denkmäler in der Westminster-Abtei

Chrysander, Dr. Friedrich (1826 – 1901) ***93, 94, 107 108, 110, 117***
promovierter Philosoph, gründete 1856 zusammen mit dem Historiker Georg Gervinus die Deutsche Händel-Gesellschaft mit dem Ziel, sämtliche Werke Georg Friedrich Händels herauszugeben. Die Gesellschaft löste sich allerdings vier Jahre später wieder auf, und Chrysander setzte die Arbeit an der Gesamtausgabe weitgehend allein fort. Er verfasste eine umfangreiche (allerdings unvollendet gebliebene) Biographie.

Als Redakteur in der *Allgemeinen musikalischen Zeitung* veröffentlichte er zahlreiche Aufsätze und Musikkritiken.

Christian Wilhelm von Brandenburg (1587 – 1665) ***11, 13***
Markgraf von Brandenburg und (1598 – 1631) Erzbischof von Magdeburg

Colman, Francis (1691 – 1733) ***52, 70, 157***
Diplomat, Opernliebhaber

Conti, Francesco Bartolomeo (1681 – 1732) ***62***
italienischer Lautenspieler und Komponist, u. a. Vizekapellmeister und Hofkomponist der Wiener Hofkapelle, wurde vor allem durch seine 24 Bühnenkompositionen bekannt, in denen er den damals neuen neapolitanischen Opernstil mit der Wiener Operntradition verband.

Cooper, Anthony Ashley, 4. Earl of Shaftesbury (1711 – 1771) ***92, 159***
Philantrop, Vertreter des englischen Klassizismus und der Aufklärung, aktiv in der Politik. Er war Lord Lieutenant von Dorset von 1734 bis zu seinem Tod.

Coram, Thomas (1668? – 1751) ***90***
Seemann, Geschäftsmann und Philantrop. Nach 20-jährigen Bemühungen gelang es ihm mit zahlreichen Unterstützern, darunter viele Künstler, Georg II. zur Unterzeichnung der Gründungsurkunde für ein „Foundling Hospital" in London zu bewegen, das 1741 eröffnet werden konnte.

Corelli, Arcangelo (1653 – 1713) ***24, 38, 40***
italienischer Komponist und Violinist

D

Dent, Edward Joseph (1876 – 1957) ***117, 118, 160***
Musikwissenschaftler, Musikkritiker in London, Professur in Cambridge, erster Präsident der 1922 gegründeten Internationalen Gesellschaft für Neue Musik

Dietel, Johann Caspar (1713 – 1773) ***153***
Kantor in Falkenhain bei Wurzen, bekannter Notenkopist

Distin, Henry (1819 – 1903) ***103***
übernahm die 1845 von seinem Vater in London gegründete Firma, die vor allem Blechblasinstrumente für Militärkapellen baute. Die Monster Gong Drum entwickelte er 1857. 1876 übersiedelte er mit der Firma nach New York.

Dryden, John (1631 – 1700) ***83***
einflussreicher und verehrter Dichter, Literaturkritiker und Dramatiker in London

Duburg, Matthew (1703 – 1767) ***88***
irischer Violinvirtuose und Komponist

Durastanti, Margherita (tätig nachgewiesen 1700 – 1734) ***40, 62, 73***
hervorragende italienische Sängerin, die mehrfach in Händels Opernaufführungen Hauptrollen übernahm

E

Eisenschmidt, Dr. Joachim (1914 – 1942) ***120, 160***
in Halle promovierter Musikwissenschaftler, im Zweiten Weltkrieg gefallen

Ernst August von Hannover (1674 – 1728) ***43, 46***
Bruder des Kurfürsten von Hannover

F

Fabri, Annibale Pio (1697 – 1760) ***69***
italienischer Komponist und Sänger (Tenor)

Francke, August Hermann (1663 – 1727) ***8, 16, 17***
Theologe und Pädagoge, einer der Hauptvertreter des Pietismus, 1692 – 1715 Pfarrer der St. Georgen-Kirche in Halles damaliger Vorstadt Glaucha. Dort begann er 1695 Kinder seiner Gemeinde zu unterrichten und zu versorgen. 1698 gründete er die Franckeschen Stiftungen. An der Friedrichs-Universität lehrte er zunächst Griechisch und Orientalische Sprachen, später auch Theologie.

Friedrich III. (1657 – 1713) ***15***
Kurfürst von Brandenburg, seit 1701 König Friedrich I. in Preußen, förderte die Künste und Architektur. Berlin wurde in seiner Regierungszeit zu einer prächtigen barocken Residenzstadt.

Froboese, Klaus (1947 – 2019) ***127***
deutscher Opernregisseur, 1991 – 2008 Intendant des Opernhauses Halle. Hier gründete er innerhalb des Opernorchesters das auf Instrumenten historischer Bauart spielende Händelfestspielorchester.

H

J

K

Academy of Ancient Music; Arrangeur der Musik von J. Gays *Beggars Opera* (1728)

Pilotti-Schiavonetti, Elisabetta († 1742) ***48***
eine der führenden „prima Donnen" in Händels Ensemble bis 1717

Pohle, David (1624–1695) ***13, 21***
Komponist und Kapellmeister, Schüler von Heinrich Schütz in Dresden, „Fürstlicher Capellmeister", seit etwa 1661 am halleschen Hof von Herzog August, 1678–1682 in Zeitz, 1682–1695 am Hof in Merseburg

Porpora, Nicola Antonio (1686–1768) ***71***
Komponist und berühmter Gesangslehrer (u. a. von Farinelli und Caffarelli); komponierte für die Adelsoper in London fünf Opern

Porta, Giovanni (ca. 1675–1755) ***62***
italienischer Komponist. Die Royal Academy of Music in London führte in ihrer ersten Spielzeit seine Oper *Il Numitore* auf, es gibt aber keine Nachricht, dass er zu diesem Anlass in London weilte.

Purcell, Henry (1659–1695) ***9, 83***
übernahm 1679 an der Westminster Abbey die Organistenstelle seines Lehrers John Blow und wirkte dort bis zu seinem Tode. Trotz seiner geringen Lebenszeit hinterließ er ein beeindruckendes Œuvre in beinahe allen Gattungen. Man nannte ihn „Orpheus Britannicus".

Q

Quantz, Johann Joachim (1697–1773) ***10, 153***
Flötist, Flötenbauer, Komponist und Flötenlehrer Friedrichs des Großen

R

Rahlwes, Alfred (1878–1946) ***117***
Komponist und Chordirigent, „Königlicher Musikdirektor", Leiter der Robert-Franz-Singakademie in Halle in Nachfolge von Otto Reubke

Rammelt, Arno (1902–1981) ***122***
Musikalienhändler; initiierte und begleitete mehr als zwei Jahrzehnte die Konzertreihen im Händel-Haus; Mitinitiator der jährlichen Händel-Festspiele seit 1952

Rich, John (1692–1761) ***73, 90***
Tänzer, Schauspieler und Theater-Manager in London

Riemenschneider, Johann Gottfried (1691–1742) ***9, 68, 69***
Sänger (Bass), sang an der Hamburger Oper (1722–1728). Händel kannte ihn vermutlich aus Halle und engagierte ihn für die erste Saison der zweiten Academy in London 1729/30.

Ritter, Christian (um 1645– nach 1725) ***13, 21***
Komponist und Organist der norddeutschen Schule, 1666 Kammerorganist in Halle, 1677 Hoforganist, danach am Stockholmer Hof und in Dresden

Roner, Andrew (?, nachgewiesen 1710–1730) ***48***
englischer Komponist

Rosenberg, Alfred Ernst (1893–1946) ***118, 119***
aus Russland stammender NSDAP-Politiker und führender Ideologe seiner Partei schon vor 1933

Rossi, Giacomo (?, nachgewiesen 1710–1731) ***48, 49, 52***
in London lebender italienischer Übersetzer und Librettist, schrieb für Händel Libretti u. a. zu *Rinaldo* und *Il Pastor Fido*

Roubiliac, Louis-François (1702–1762) ***4, 84, 85, 91, 96, 158***
Bildhauer in Dresden, Paris und seit 1732 in London, wurde durch seine Gestaltung G. F. Händels als Apollo für die Vauxhall-Gärten schlagartig bekannt und gefragt, schuf neben einigen Büsten u. a. das Grabdenkmal Händels in der Westminster-Abtei

Rückert, Prof. Heinz (1904–1984) ***125***
Schauspieler und Regisseur, Oberspielleiter am damaligen Landestheater in Halle. Studium in München, Engagements am Stadttheater Sankt Gallen, dem Opernhaus Zürich, in Bielefeld, Breslau, Berlin und Halle. An der damaligen Hochschule für Musik und Theater in Halle lehrte er außerdem Regie und Dramaturgie. Für seine Verdienste bei der Händel-Pflege erhielt er 1957 den Nationalpreis sowie den Vaterländischen Verdienstorden der DDR.

T

Anmerkungen

1 Curt Goetz, Valérie von Martens, *Die Memoiren des Peterhans v. Binningen,* Stuttgart 1969, S. 11.

2 Von den sicherlich zahlreichen „Kirchenstücken", die Händel schon als Jugendlicher geschrieben hat, ist lediglich eine ihm mit einiger Sicherheit zugeschriebene Kantate (*Triumph ihr Christen seid erfreut*) in einer Abschrift von Johann Caspar Dietel im Kantoreiarchiv des Ev.-luth. Pfarramtes St. Johannis in Mügeln überliefert sowie sieben weitere nur mit ihren Titeln bekannt, die auf einer Inventarliste des Ulrichsorganisten Adam Meißner aufgeführt sind. Vgl. u. a. Werner Braun, *Echtheits- und Datierungsfragen im vokalen Frühwerk Georg Friedrich Händels*, in: *Händel-Ehrung der Deutschen Demokratischen Republik* [...], Leipzig 1961, S. 65.

3 John Mainwaring, *Georg Friedrich Händels Lebensbeschreibung*, übers. u. mit Anmerkungen versehen von Johann Mattheson, Faks. d. Ausg. Hamburg 1761, Leipzig 1978, S. 112.

4 Quantz nannte diesen neuen Stil den „vermischten Geschmack". Vgl. Johann Joachim Quantz, *Versuch einer Anweisung die Flöte traversiere zu spielen*, Berlin 1752, S. 332.

5 Karl von Winterfeld, *Der evangelische Kirchengesang und sein Verhältnis zur Kunst des Tonsatzes*, Bd. 2, Leipzig 1845, S. 250.

6 Vgl. Heinrich Theodor Flathe, *August*, in: *Allgemeine Deutsche Biographie*, Bd. 1, Leipzig 1875, S. 681.

7 Der Hofstaat zählte über 300 Personen, die weitgehend Waren und Dienstleistungen aus der Stadt in Anspruch nahmen.

8 Vgl. u. a. Erik Dremel, *Friedrich Wilhelm Zachow,* in: *Biographisch-Bibliographisches Kirchenlexikon*, Bd. 38, 2017, Sp. 1539 – 1542.

9 Vgl. Johann Georg Francke, *Grabrede auf Dorothea Händel* [...] [Nachdruck des Leichensermons], Halle 1939, Faksimile der Eintragung auf S. 4.

10 Friedrich Gottlieb Pokels, *Etwas über Händels Geburt und Jugend. (Aus einem Briefe)*, in: *Wiener Theater-Zeitung*, 22. Oktober 1806, S. 49.

11 Johann Mattheson, *Grundlage einer Ehrenpforte* [...], Hamburg 1740, S. 93 – 101.

12 John Mainwaring, *Memoirs of the life of the late George Frederic Handel* [...], London 1760.

13 Mainwaring/Mattheson wie Anm. 3, S. 3.

14 Vgl. Rolf Hünicken, *Ahnentafel und Ahnenverwandtschaftstafel Georg Friedrich Händels,* in: Hünicken/Serauky: *Abstammung und Jugendwelt*, Halle 1936, S. 19.

15 Weißenfelser Archiv 10134. – Loc. 12001. – [...] *von dem Sondershausener Oberlehrer Dr. Spitta*, in: *Allgemeine Musikalische Zeitung* 4 (1869), S. 286.

16 Händel-Handbuch [...] Bd. 4: *Dokumente zu Leben und Schaffen* [...] hrsg. von d. Editionsleitung d. Hallischen Händel-Ausgabe, Leipzig u. a., 1985, S. 10.

17 Mainwaring/Mattheson wie Anm. 3, S. 2.

18 Ebd.

19 Ebd., S. 9.

20 Ebd., S. 48–49.

21 Georg Philipp Telemann, *Mein Lebens-Lauf* [...], in: Johann Mattheson, *Grundlage einer Ehrenpforte* [...], Hamburg 1740, S. 358.

22 Die Abkürzung dd: am Schluss der Eintragung bedeutet „dedit" („bezahlt"). Händel hat also im Gegensatz zu anderen (vor allem aus ärmeren Bevölkerungsschichten stammenden Theologiestudenten) seine Studiengebühren entrichtet.

23 Telemann/Mattheson wie Anm. 21.

24 Zit. nach: *Händel-Handbuch* wie Anm. 16, S. 18.

25 Johann Joachim Eschenburg (Übers.), *Dr. Karl Burney's Nachricht von Georg Friedrich Händel's Lebensumständen und der ihm zu London* [...] *1784 angestellten Gedächtnisfeyer*; Berlin und Stettin 1785; S. V.

26 Mainwaring/Mattheson wie Anm. 3, S. 12.

27 Mattheson wie Anm. 11, S. 93.

28 Mainwaring/Mattheson wie Anm. 3, S. 13.

29 Vgl. Edwin Werner, *Händels Reisen*, in: *Mitteilungen des Freundes- und Förderkreises des Händel-Hauses zu Halle*, Nr. 2/2015, S. 36–41 u. Nr. 1/2016, S. 30–36.

30 Vgl. u. a.: Bernd Baselt, *Georg Friedrich Händel*, Leipzig 1988, S. 25f.

31 Vgl. Klaus-Peter Koch, *Keiser, Graupner, Grünewald und Schieferdecker* [...], in: *Georg Friedrich Händel – ein Lebensinhalt:*

Gedenkschrift für Bernd Baselt (1934–1993), hrsg. v. Klaus Hortschansky und Konstanze Musketa (Schriften des Händel-Hauses in Halle; 11), Halle 1995, S. 415; Edwin Werner: *„[...] es rührte aber alles vom Zachau und vom Orgelschlagen her.": Halle zwischen 1680 und 1705 – Ausgangspunkt für Händels künstlerische Entwicklung*, in: Wolfgang Ruf [Hrsg.], *Der Klang der Stadt: Musikkultur in Halle vom 17. bis zum 20. Jahrhundert*, Halle 2010 (Forschungen zur hallischen Stadtgeschichte; 13), S. 53–55.

32 Mattheson wie Anm. 11, S. 358. – J. Kuhnau (1660–1722), ein Schüler von Heinrich Schütz, war der Vorgänger J. S. Bachs als Thomaskantor in Leipzig.

33 Mattheson wie Anm. 11, S. 93–101.

34 Ebd.

35 Aus: Jacob Brucker, *Bildersal heutiges Tages lebender und durch Gelahrheit berühmter Schrifftsteller* [...] Fünftes Zehend, Augsburg 1746, Tafel 9.

36 Mainwaring/Mattheson wie Anm. 3, S. 27.

37 Mattheson wie Anm. 11, S. 94.

38 Mainwaring/Mattheson wie Anm. 3, S. 34.

39 Mainwaring/Mattheson wie Anm. 3, S. 35. – Die häufig diskutierte Frage nach der angeblichen Einladung klärt Pavel Polka, *[„L'Opere d'Hamburgo] certo sono le più belle che io habbia veduto in Germania", Der ‚böhmische' Mediceer und Georg Friedrich Händel*, in: *Mitteilungen des Freundes- und Förderkreises des Händel-Hauses zu Halle* 1/2019, S. 32–37.

40 Vgl. *Leipziger Post-Zeiger aller allda abgehenden und ankommenden Posten Zu gesetzter Zeit und Stunde*, 1715, [ungez.] S. 7.

41 Vgl. Elfriede Rehbein: *Zu Wasser und zu Lande* [...], Leipzig 1984, S. 147. – Eine der Post-Routen Leipzig–Florenz ging über Altenburg, Zwickau, Eger, Schwarzenfeld, Regensburg, München, Innsbruck, Brixen, Bozen, Trient, Verona und Bologna.

42 24 „Gutegroschen" hatten den Wert eines Talers.

43 Zur Zeit Händels galt das sogenannte „neu-kulmische Maß", nach dem eine Meile 7900,50 m betrug – also nicht zu verwechseln mit der modernen englischen/amerikanischen Meile. Davon abgesehen sind allgemeine Meilenangaben dieser Zeit mit Vorsicht zu bewerten, weil es regional große Unterschiede gab. So

betrug eine deutsche Post-Meile rund 7,5 km, eine kursächsische Post-Meile 9.062,08 m. Oft wurden Entfernungen in Wegzeiten, also Stunden angegeben, wobei die Post z. B. für eine sächsische Post-Meile durchschnittlich 2 Stunden benötigte.

44 P. A. Lehmann: *Accurate Post- und Bothen-Carten, von den vornehmsten Städten in Europa (Die Vornehmsten Europæischen Reisen* [...], Hamburg 1713, S. 70.

45 Archivio Storico Capitolino di Roma, *Diari di Roma dall'Anno 1705–1707*, Tomo 15, Cred. XIV, f. 360: „È giunto in questa città un Sassone, eccellente suonatore di cembalo e compositore di musica, il quale oggi ha fatto pompa della sua virtù in sonare l'organo nella Chiesa di S. Giovanni con stupore di tutti." – Zit. nach: *Händel-Handbuch* wie Anm. 16, S. 26.

46 G. G. de Rossi, *Effigies, Insignia, Nomina, Cognomina,* [...] *Inocentii XI. et* [...] *Cardinalium nunc viventium* [...], Rom [1721], Bl. 59.

47 Mainwaring/Mattheson wie Anm. 3, S. 45.

48 Ebd., S. 51.

49 Ebd., S. 46.

50 Ebd., S. 55.

51 Ein Brief des Pfalzgrafen an Ferdinando de' Medici vom 9. März belegt, dass Händel zu diesem Zeitpunkt bereits in Innsbruck angekommen war. – Vgl. *Händel-Handbuch* wie Anm. 16, S. 45.

52 *Historisch-Politisch-Geographischer Atlas der gantzen Welt oder großes und vollständiges Lexicon, darinnen die Beschreibung des Erdkreises etc.* – Zweyter Theil. – Leipzig 1745, Sp. 1551.

53 Johann Sebastian Bach bekam etwas später für seine umfangreiche Tätigkeit in Leipzig etwa ein Drittel weniger Gehalt und hatte eine große Familie zu unterhalten.

54 Interessanterweise schreibt die Kurfürstin (ausgerechnet nach Berlin!) von einem „Sachsen", obwohl sie wissen sollte, dass Händel in einer brandenburgischen Provinz geboren worden war.

55 Französischer Originaltext: ZSTA Merseburg, HA, Rep. 46, T 18, Bl. 152–153 u. 156–157.

56 Telemann wie Anm. 21, S. 357.

57 Mainwaring/Mattheson wie Anm. 3, S. 63.

58 Ebd., S. 59.

59 *The Spectator*, no. 5, Tuesday 6 March 1711, S. 24–25.

60 Francis Kolman, *Opera Register*, Eintragung vom 26.11.1712. – Nach Konrad Sasse, in: *Händel-Jahrbuch* (1959), S. 199.

61 Owen Swiney, der nach Aaron Hill die Leitung des Haymarket Theatre übernommen hatte, war mit der vollen Kasse zweier *Teseo*-Aufführungen verschwunden, ohne wenigstens die Bühnendekoration und die Kostüme bezahlt zu haben.

62 John Hawkins, *A General History of the Science and Practice of Musik*, Bd. V, 1776, S. 270.

63 Vgl. Ragnhild Hatton, *Georg I.* [...], Frankfurt 1982, S. 142–158.

64 Angefertigt für *The universal magazine* [...], Vol. 67, London 1780, S. 16–18.

65 Mit diesem Friedensvertrag wurde der Spanische Erbfolgekrieg beendet.

66 S. A. E. = Son Altesse Electorale (Seine Kurfürstliche Gnaden).

67 Vgl. Donald Burrows, *Handel and Hanover*, in: Peter Williams (Hrsg.), *Bach, Handel, Scarlatti: Tercentenary Essays*, Cambridge 1985, S. 42.

68 Burney, wie Anm. 25, S. XVIII.

69 Nach heutigem Wert etwa 30.000 Euro.

70 Mainwaring/Mattheson wie Anm. 3, S. 68.

71 Ebd., S. 43f.

72 Diese Schabkunst entstand offensichtlich während der Regierungszeit Georgs II. (1727–1760): Georg I. und Georg II. waren nicht gleichzeitig Könige, Caroline von Ansbach erst nach 1727 Queen.

73 Zit. nach Händel-Handbuch wie Anm. 16, S. 74.

74 Vgl. *ebd.*, S. 78.

75 Moritz von Fürstenau, *Zur Geschichte der Musik und des Theaters am Hofe der Kurfürsten von Sachsen und Könige von Polen* [...], Dresden 1862, II, S. 151f.

76 Etwa 275 Taler – Händels Jahresgehalt in Hannover hatte 1000 Taler betragen!

77 Aus: Hawkins wie Anm. 62, S. 274.

78 Ebd., S. 290.

79 Angefertigt für *Universal Magazine* 1778, Vol. 62, S. 300–306.

80 Angefertigt für *Universal Magazine* 1765, Vol. 35, S. 337–345.

81 Später wurden auch deren Schwestern von Händel unterrichtet, 1724 wird er das erste Mal als Musiklehrer der Prinzessinnen erwähnt.

82 William Hutchins Callcott, *The Handel album* [...], London [1859].

83 Händel hatte seinen Halle-Besuch in einem Brief an seinen Schwager Michaelsen (11. März 1729) für Juli angekündigt; offenbar war er aber bereits Anfang Juni dort eingetroffen. – Vgl. *Händel-Handbuch* wie Anm. 16, S. 171.

84 Die erheblichen Wegzeiten ließen sich innerhalb der drei Wochen nur in der Reihenfolge Halle – Hamburg – Hannover (– London) realisieren, nicht in der gelegentlich zu lesenden Variante Hamburg – Halle – Hannover.

85 Vgl. *Brice's Weekly Journa*l 220, Friday 4 July 1729, S. 3.

86 Aus: Hawkins wie Anm. 62, S. 306.

87 *London Evening Post* vom 14. Mai 1737.

88 Mainwaring/Mattheson wie Anm. 3, S. 92.

89 Ebd., S. 93.

90 Frontispiz zu: Thomas Morell, *Thesaurus Græcæ poeseōs; sive, lexicon Græco-prosodiacum; versus, et synonyma*, [...] London 1762.

91 Vgl. Edwin Werner, *Georg Friedrich Händel in bildlichen Darstellungen,* in: *Händel-Jahrbuch* 54 (2008), S. 379–415.

92 *The London Daily Post*, 18.4.1738. Zit. nach: *Händel-Handbuch* wie Anm. 16, S. 293.

93 Es handelte sich um J. T. Smith, Sohn des Roubiliac-Schülers Nathaniel Smith. Zit. nach Katharine A. Esdaile, *The Life and Works of Louis François Roubiliac,* London 1928, S. 36.

94 Vgl. *Händel-Handbuch*, wie Anm. 16, S. 322.

95 Zit. nach ebd., S. 322.

96 *The London Daily Post* vom 4.4.1741. Vgl. *Händel-Handbuch* wie Anm. 16, S. 332–333.

97 Vgl. *Händel-Handbuch* wie Anm. 16, S. 334.

98 *Dublin Journal* vom 17. April 1742. Vgl. *Händel-Handbuch* wie Anm. 16, S. 348–349.

99 Es handelte sich um eine große Landschaft („A large landscape & Fig.s"), die er für die damals respektable Summe von £ 39. 18 s. in einer Versteigerung eines Mr. Cosein erwarb. Siehe Jacob Simon, *Handel – A Celebration of his Life and Times,* London 1985, S. 289.

100 Anthony Ashley Cooper, 4. Earl of Shaftesbury, am 13.2.1750 an seinen Vetter James Harris. Vgl. *Händel-Handbuch* wie Anm. 16, S. 434.

101 Zit. nach Edwin Werner, *Das Händel-Haus in Halle* [...], Halle 2007, S. 124.

102 Vgl: *Händel-Handbuch* wie Anm. 16, S. 549.

103 *The General Advertiser*, 21. August 1750: „Mr. Handel, who went to Germany to visit his Friends some Time since, and between the Hague and Harlaem had the Misfortune to be overturned, by which he was terribly hurt, is now out of Danger."

104 Ebd. Zit. nach *Händel-Handbuch* wie Anm. 16, S. 442.

105 Vgl. Richard G. King, *Handel's Travels in the Netherlands in 1750*, in: Music & Letters 72 (1991), 373.

106 Ebd.

107 *The Whitehall Evening-Post; Or, London Intelligencer* no. 714, Thursday 6–Saturday 8 September 1750.

108 Wie Anm. 105, S. 374.

109 Ebd.

110 Ebd.

111 Über Händels Augenkrankheit und deren Verlauf vgl. Manfred Tost, *Händels Augenleiden im Spiegel der Ophthalmologie des 18. Jahrhunderts,* in: *Händel-Jahrbuch* 40/41 (1994/1995), S. 81–93.

112 *The London Evening-Post*, Nr. 3940, Saturday 27–Tuesday 30 January 1753, gelesen bei William C. Smith, *Handeliana*, in: Music & Letters 31 (1950), S. 127.

113 *London Evening Post*, 24. April 1759.

114 Vgl. Simon wie Anm. 99, S. 233.

115 Man darf sich über die Größe nicht täuschen lassen, denn der Übergang in das seit der Museumsgründung einbezogene Nachbargebäude wird oft nicht bewusst wahrgenommen, und das oberste Geschoss wurde erst im 19. Jahrhundert hinzugefügt.

116 Zit. nach: George Hogarth, *Musical History, Biography and Criticism*, New York 1845, S. 67.

117 Hawkins wie Anm. 62 - zusammenhängende biographische Texte S. 262–273; 300–359; 407–418.

118 Ebd. S. 410.

119 Ebd. S. 413.

120 Mainwaring/Mattheson wie Anm. 3, S. 29.
121 Hawkins wie Anm. 62, S. 412.
122 Burney wie Anm. 25, S. XLI u. XLV.
123 [Coxe]: *Anecdotes of George Frederick Handel and John Christopher Smith*, London 1799, S. 26.
124 Vgl. Werner wie Anm. 89.
125 Mainwaring/Mattheson wie Anm. 3.
126 Vgl. Burney wie Anm. 25.
127 Bei dem Text unter dem Bild handelt es sich um die lateinische Übersetzung aus der Horaz-Ode 1,12: Haydn, der „schmeichelnd und mit klingenden Saiten lauschende Eichen lockte".
128 *Hallisches patriotisches Wochenblatt auf das Jahr 1814* [...], 15 (1814), S. 572.
129 Werner Rackwitz, *Geschichte und Gegenwart der Hallischen Händel-Renaissance*, 1. Teil, Halle 1977, S. 86.
130 Edward Dent, *Händel in England: Gedächtnis-Rede anl. der 250. Geburtstagsfeier in Halle am 24. Februar 1935.* – Halle 1936, (Hallische Universitätsreden; 68).
131 Ebd., S. 14.
132 Ebd., S. 16.
133 Bergfeld, *Glanzvolle Händel-Gedenktage in Halle: Festlicher Empfang im Stadthaus – Feierstunde in der Universität*, in: *Mitteldeutsche National-Zeitung* vom 25. Februar 1935.
134 Arnold Schering, *Die Sendung G. F. Händels,* in: Reichsgedenktage in Halle: Händel 1685/1935 (Deutsche Mitte: Mitteldeutsche Hefte der Kultur und den Sinn der Wirtschaft; 5), S. 9–11; Joseph Müller-Blattau, *Ein deutscher Komponist in England*, ebd. S. 18–21.
135 Joachim Eisenschmidt, *Die szenische Darstellung der Opern Georg Friedrich Händels auf der Londoner Bühne seiner Zeit*, Wolfenbüttel 1940–1941. 2 Tle. (Schriftenreihe des Händelhauses in Halle; 5–6).
136 Das Städtische Kulturamt ließ bereits im Dezember 1943 mitteilen, dass eine „Hallische Händel-Ausgabe" in Vorbereitung sei. Für die Händel-Tage 1944 war das Erscheinen der *Deidamia* in der Bearbeitung von Rudolph Steglich vorgesehen. Vgl. Mitteldeutsche Nationalzeitung vom 25. Dezember 1943.
137 Wie aus der Akte *Hallische Händel-Gesellschaft* im Archiv des Händel-Hauses hervorgeht, weist der damalige Stadtschulrat

Dr. Grahmann Dr. Koch, der ursprünglich mehr eine überregional wirksame Deutsche Händel-Gesellschaft im Auge hatte, am 28.10.1940 an: „Ich bitte, bis zum 15. November möglichst die Vorarbeiten zur Gründung der Händel-Gesellschaft zu leisten [...]" – Aber von Anfang an wurde parallel zur Gründung der Hallischen Händel-Gesellschaft auf Anregung Karl Vötterles von Halle aus die Gründung einer neuen Deutschen Händel-Gesellschaft betrieben, „nachdem die Fäden zu den englischen Bestrebungen wohl endgültig abgerissen sind [...]"

138 *Händeltage 1948 der Stadt Halle* [Programmheft], Halle 1948.

139 K., *Halle ehrt seinen größten Meister: Eindrucksvolle Eröffnung der Händel-Tage in seinem Geburtshaus Nikolaistraße 5,* in: *Der Neue Weg* vom 24. Februar 1948.

140 Die Verantwortlichen verstanden damals solche Bemühungen als eine vorübergehende Modeerscheinung und verkannten die Bedeutung der den Zeitstilen immanenten unterscheidbaren Klangbilder für eine erleichterte spezifische Rezeption „alter" Musik.

141 Nicht ins Personenverzeichnis aufgenommen wurde Georg Friedrich Händel, da er Gegenstand des Buches (und somit faktisch auf jeder Seite erwähnt) ist.

Abbildungsnachweis

Stiftung Händel-Haus:
Umschlag, S. 4, 10, 16, 19, 22, 25, 26, 32, 36, 37, 38, 39, 41, 45, 49, 51, 53, 55, 57, 65, 67, 72, 75, 79, 81, 86, 95, 103, 105, 106, 109, 113, 130

Archiv des Autors:
S. 7, 12, 27, 64, 69, 91, 112, 117, 123.

Literatur-Empfehlungen

Christopher Hogwood, *Georg Friedrich Händel …*, aus dem Englischen von Bettina Obrecht. Stuttgart: Metzler 1992 (ISBN 3-476-00851-7)
„Ein gründlicher und ausgezeichneter Führer zu Leben und Werk dieses großen Komponisten, geschrieben von einem Musiker, der sich erfolgreich mit einem Großteil seines Œuvres auseinandergesetzt hat." (Sunday Times)

Annette Landgraf und **David Vickers** (Hrsg.), *The Cambridge Handel Encyclopedi*a (Paperback edition). Cambridge: Cambridge University Press 2013 (ISBN 978-0-521-88192-0)
Dieses englischsprachige Lexikon enthält 700 Stichwörter zum Thema Händel mit einer Biographie, einem Werkeverzeichnis, Namen von Musikern, Kopisten, Freunden, Verwandten, Librettisten sowie anderer Komponisten in einem Band.

Hans Joachim Marx (Hrsg.), *Das Händel-Handbuch* [6 Bd.e]. Laaber: Laaber-Verlag 2008–2011 (ISBN 978-3-89007-684-3)
Diese Veröffentlichung ist weniger ein „Handbuch" als vielmehr ein 6-bändiges Kompendium, das auf über 4800 Seiten einen umfassenden, teilweise ausführlichen Überblick über den damaligen Stand der musikwissenschaftlichen Forschung bietet: zum Thema Händel, zu seinen Werken (einschließlich

deren Interpretationen), zum weiten Umfeld und historischen sowie philosophischen Aspekten.

Claus Bockmaier, *Händels Oratorien: Ein musikalischer Werkführer.* München: C. H. Beck 2008
(ISBN 978-3-406-44808-9)
Einführung in die Oratorien Händels. Die Oratorien werden musikgeschichtlich eingeordnet, besondere Charakteristika ihrer Komposition erläutert, die einzelnen Werke vorgestellt und in ihrer Rezeptionsgeschichte erhellt.

Silke Leopold, *Händel – Die Opern.* Kassel; Basel [u. a.]: Bärenreiter 2009
(ISBN 978-3-7618-1991-3)
Zehn Kapitel (ca. 200 Seiten) handeln über Händels Opern-Musik und seine Fähigkeit, die handelnden Personen als Menschen und nicht als typisierte Figuren auf der Bühne agieren zu lassen. In einem zweiten Teil werden Stoffgeschichte und Inhalt aller Händel-Opern mit Angaben zur Besetzung aufgelistet.

Stefan Zweig, *Sternstunden der Menschheit* … [verschiedene Ausgaben, u. a.:] Frankfurt (M.): Fischer-Taschenbuch-Verlag 2009
(ISBN 978-3-596-90196-8)
Behandelt in einer der vierzehn literarischen Miniaturen die Entstehung des Oratoriums *Messias* auf sehr anrührend emotionale Weise.

Weitere neuere, vor allem englischsprachige Veröffentlichungen sind im Internet aufgelistet: http://gfhandel.org/research/recentpubs.html

Der Autor

Edwin Werner, geboren 1940 in Breslau, studierte 1959 bis 1964 an der Martin-Luther-Universität Halle-Wittenberg Musikwissenschaft und Germanistik. Seine berufliche Laufbahn begann er als Musikdramaturg am Thomas-Müntzer-Theater in Eisleben. Im Jahre 1967 wurde er wissenschaftlicher Mitarbeiter und stellvertretender Direktor im Händel-Haus in Halle. Nach seiner Promotion A zum Dr. phil. mit der Arbeit Georg Friedrich Händels „Trauer-Anthem" HWV 264 leitete er dieses Museum als Direktor von 1982 bis 2006. Im Zusammenhang mit der musealen Präsentation der Arbeits- und Sammlungsgebiete der Einrichtung war ihm neben der Forschung die populärwissenschaftliche Vermittlung von Leben und Werk Georg Friedrich Händels ein wichtiges Anliegen, was auch in diesem Buch seinen Niederschlag fand.

Abbildung auf dem Umschlag:
Georg Friedrich Händel. Ölgemälde von Michael Dahl (zugeschrieben), ca. 1715/1720

Gestaltung/Satz: Carsten Schenker
Korrektorat: Roland Ludwig
Gesetzt aus der Garamond
Technische Herstellung: Beltz Grafische Betriebe/
Am Fliegerhorst 8, 99947 Bad Langensalza

ISBN 978-3-95755-652-3

Inhaltsverzeichnis

haendeliana hallensis

Die CD-Edition haendeliana hallensis will die Vielfalt der musikalischen Schätze im Umfeld der Hallenser Händelpflege zutage fördern. Dies geschieht auf sehr unterschiedliche Art und Weise. So werden beispielsweise Kleinodien der Sammlung historischer Tasteninstrumente des Händelhauses vorgestellt. Auf diesen erklingen selten zu hörende Werke von Komponisten, die entweder gebürtige Hallenser oder aber Zugereiste waren, die wichtige Jahre ihres Lebens in der Saalestadt verbrachten und hier das Musikleben auf verschiedene Weise prägten. Künstlerische Projekte des Händelfestspielorchesters werden ebenso dokumentiert wie die vielfältigen weiteren Aktivitäten der barocken Musikpflege in Halle – dies alles jeweils auf aktuellem Stand der Musikwissenschaft und Musikforschung.
Bisher erhältlich sind die Teile 1–4.

haendeliana hallensis 1
GEORG FRIEDRICH HÄNDEL

Benno Schachtner | Altus
Händelfestspielorchester Halle
Bernhard Forck | Leitung & Violine

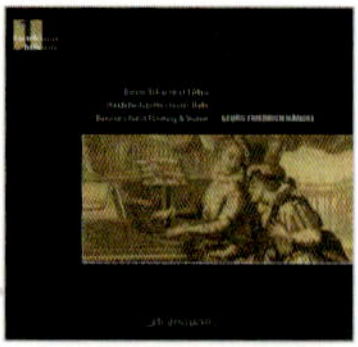

VKJK 1419

haendeliana hallensis 2
DANIEL GOTTLOB TÜRK
JOHANN FRIEDRICH REICHARDT
CARL LOEWE

Tobias Koch | Fortepiano & Clavichord
Gesine Adler | Sopran

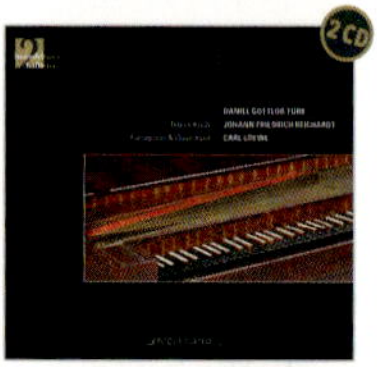

VKJK 1420

haendeliana hallensis 3
FRIEDRICH WILHELM RUST: 12 SONATEN

Ilton Wjuniski | Clavichord

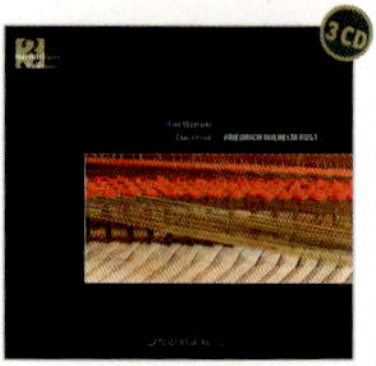

VKJK 1421

haendeliana hallensis 4
GEORG FRIEDRICH HÄNDEL
JOHANN SEBASTIAN BACH

Stadtsingechor zu Halle
Händelfestspielorchester Halle
Clemens Flämig | Leitung

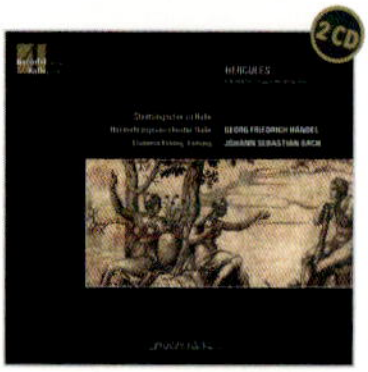

VKJK 2001

querstand

querstand – das Klassiklabel der Verlagsgruppe Kamprad
Theo-Neubauer-Straße 7 • 04600 Altenburg • www.vkjk.de